中國是怎麼形成的

HOW HAS CHINA BEEN FORMED

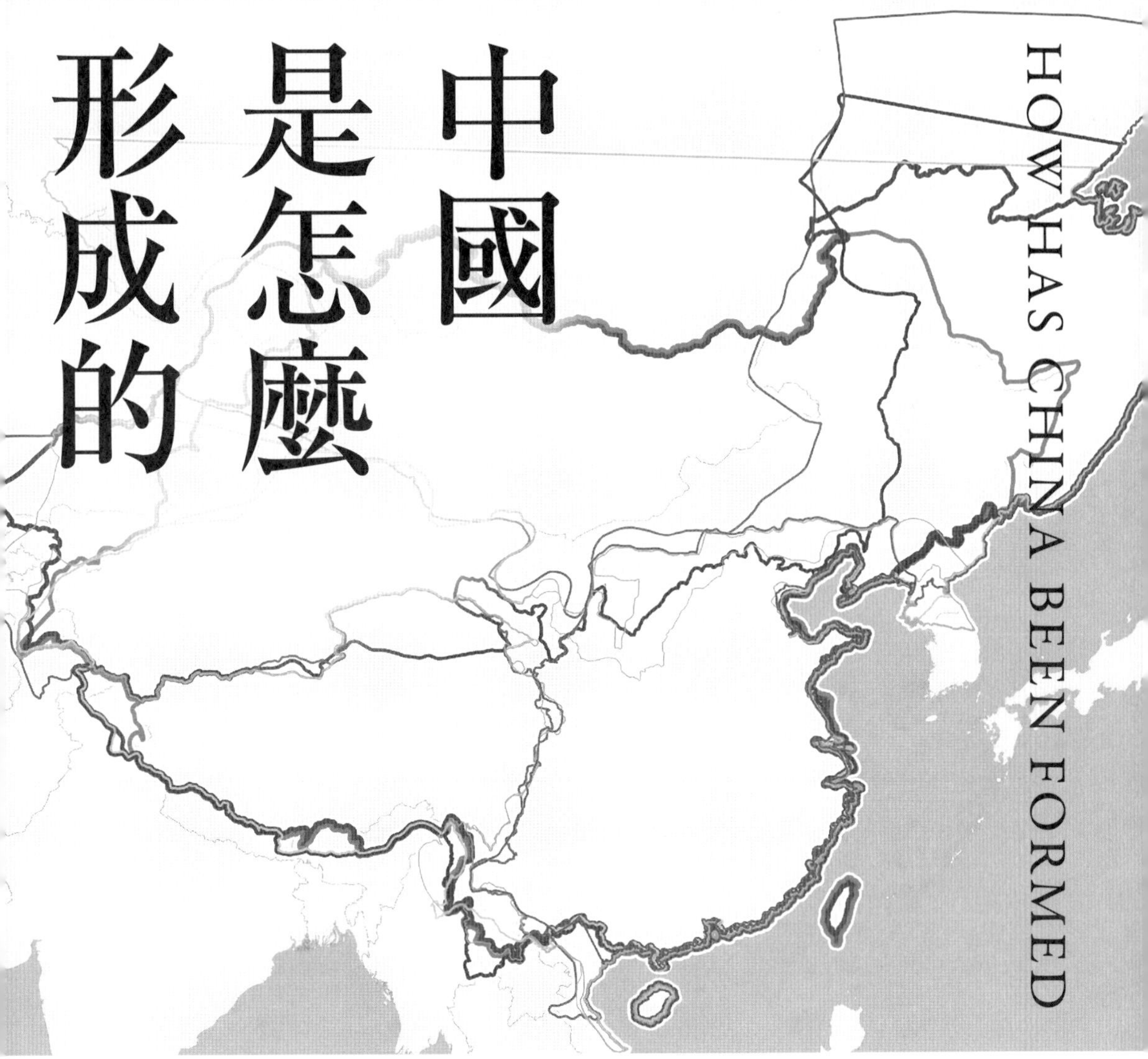

大歷史的速寫

A SKETCH OF MACRO HISTORY

杜正勝——著

目錄

【作者序】

「何謂中國」這個問題

何謂中國？干卿底事？

當然有關，和我有關，和你有關，恐怕和世界大多數人也有關。近來學術界相關的著作紛紛出爐，不但在專業人文學領域內引起很大迴響，連一般社會各階層、各行業的人多有興趣。

雖然史學界有所謂的「預流」，也就是不落伍，而今我來談這個問題，倒不是趕時髦，湊熱鬧，其實長年以來我多所思索，然而並不因為知識累積，見聞增加會更清楚什麼是中國。什麼是中國人，什麼是中國文化，反而年紀愈大，愈覺得糊塗；年輕時敢於確定的答案，當我更成熟後，卻益加猶豫不決。

放在世界的視角，「中國是什麼？」這個問題近來之所以熱，應該是千禧年以來，中國崛起，無論經濟、政治、軍事方方面面，都在國際間產生舉足輕重影響力之故。尤其上一任的美國總統川普（Donald Trump）對中國開出「第一槍」，西方世界好像突然如夢初醒，開始用不同卻可能是更切實的角度來看中國，於是乎更深入地發掘中國是什麼。

至於我們臺灣，這個對臺灣最有切膚之痛的問題，雖然不免呈現一個分裂社會的分歧意見，不過在世界大局的迴轉潮流中，臺灣似乎能夠站上比較好的制高點，可以擺脫過去正面或負面的情緒糾葛，比較客觀地認識中國。以臺灣和中國長期的複雜關係，我們自有看法，不可能輕易地隨西潮而逐流，不過我們當然也無法遺世獨立，自外於大局。

想探討今日美中對峙的大局，恐怕要追溯到上世紀七〇年尼克森（Richard Nixon）、季辛吉（Henry Kissinger）的「破冰之旅」，二戰以後的美蘇兩大陣營，資本主義和共產主義的對壘，到這時，美國把共產陣營一分為二轉為聯中抗蘇。不數年，毛澤東去世，十年文化大革命結束，接著鄧小平的改革開放，又過十來年至九〇年代初，蘇聯解體。由於當時中國對外韜光養晦，世界變成美國獨霸的局面。

美、蘇、中三角關係變動過程中，西方世界對中國的認識、態度與政策，一直走季辛吉的路線，如果說季氏成為半個世紀來西方政客對中國政策的導師，恐怕也不為過。他們總是樂觀地相信，只要扶植中國發展經濟，讓中國社會形成中產階級，並且壯大，中國的一黨專制必然會轉變，成為自由民主體制，服膺西方發展出來的普世價值，而融入世界的主流。於是他們迫不及待地為中國敞開大門，挹注中國資金和技術，並且讓中國在世界組織中享有形形色色的特權。

殊不知中國可不是省油的燈，所謂五千年文化也不是一句自嗨的空話，而是有其深沉奧義的。本來資本主義就不諱言利，中國更善於利用人性的貪婪，憑其所謂的人口紅利、環境紅利、市場紅利，出台紅利政策，遂在短短三十年間，從一窮二白的國家擠進世界第二大經濟體，從一個比中古還落後的社會經濟，突然間摩天大樓林立，高鐵世界最密集，中國錢和中國人行遍天下。曾幾何時，連家養母雞所生的蛋也不准出售的集體經濟，怎麼一下子蹦出那麼多新財主，名列世界富豪排行榜，可以讓歷史家撰寫好幾本「新貨殖列傳」，這是什麼緣故呢？

上世紀八〇年代以降這三、四十年，中國社會經濟的巨變讓世人看得目瞪口呆，尚來不及反應時，中國突然否定鄧小平在聯合國大會演講「中國永不稱霸」的宣示，擺出世界霸主的高姿態，不止是世界經濟大國，也是軍事大國，有力量左右、操縱許多國際組織。進入二十一世紀，國際舞臺上，中國「喝水會堅凍」（臺語，斥喝之喝，臺音hua^{8}），一帶一路撒下彌天大網，提出「人類命運共同體」當作世界的燈塔，宣示「東升西降」。現在的中國要為世界製訂遊戲規則，而不是先前西方期望的納入西方主導的世界體系。

自由世界應該明白了吧，當你向中國政府要求尊重人權之時，卻在享受賤價勞工的人口紅利；當你高唱環保的調門直入雲霄之際，卻在利用土地環境紅利，把債留給後代中國人。西方資本家為公司營運或產品銷售，而對中國官方認定的敏感議題噤聲；影視大亨為了票房，可以修改劇本，以適應中國的「國情」。凡此怪現象，林林總總，不一而足。當中國悶聲發大財時，中國真的融入西方體系，而西方也陷入中國的泥淖不能自拔。最近幾年美國終於醒了，感受到她的世界霸主地位開始動搖，中國確實就是最大的威脅，美中共生轉為對抗之局。但美中對抗截然不同於美蘇，後者如中古武士之對陣，前者卻如管道昇的詞：「我泥中有你，你泥中有我」，或者更像《西遊記》孫猴子鑽進牛魔王肚中。有多少美國人能明白箇中的奧妙是出在歷史和文化嗎？

至於已經沒落的歐洲，變得不像締造近代五百年先進文明者的子孫，也褪去昔日十八、九世紀的帝國榮光，處處仰承專制中國的鼻息，其不堪之狀，令曾經嚮往其文明之人不忍卒言。

三四十年來，中國的確經歷天翻地覆的大改變，但有一樣是不變的，政治不變，或者說，本質文化沒變。憶起一九七六年九月毛澤東去世的消息傳出，沒隔幾天，當代最著名的中國民族主義歷史家斷言：「秦始皇過去後，不會再有第二位秦始皇。」未及四十年，中國卻又出現第二位秦始皇了，十四億人口，沒有一個有異議，沒有一個敢異議，或可能異議。過去那些年頭的改革，改到哪裡去了？那些年頭的開放，開了什麼？放了什麼？凡涉及全民的行為，多與深沉的文化有關，政治只是表相而已。可見中國這池水，波瀾之下深不可測，連「國學大師」也難參透，自然讓西方論士或學者再度目瞪口呆。「中國是什麼？」這個問題誰還膽敢放言高論嗎？

由於臺灣與中國過去有淵源，現在的關係很特殊，面對中國變局的態度顯得更為複雜。這段「剪不斷，理還亂」的歷程，遠且不談，即使是當代，也要從上世紀五〇年開始，臺灣經歷了「自以為是中國」到發覺「其實不同國」的變化。我說過，臺灣仍陷入一個社會分裂的階段，即使上面這句簡單陳述，我相信也有不同的看法。不過，我只說說歷史大勢，一介匹夫不可能為未來定調，甚至連預測也不敢。

今天臺灣社會大概從九十歲以下到四十歲之間，含括幾個世代都受過國民黨史觀的歷史教育，都經歷「做個堂堂正正中國人」的時代，也被塑造成為中國人。隨著國內外局勢變化，生活在臺灣的人，對自我身分的認同就在「中國」與「臺灣」這道光譜間擺盪。社會調查的證據明白顯示光譜與時俱進，傾向於「臺灣」這端。即使你屬於「中國」

一端，只要生存在臺灣，持有中華民國護照，也都面臨中國的武力威脅和國際封鎖，不讓你成為完整的世界成員。在世界舞臺上，中國對臺灣的霸凌已超過文明的底限，單就這點來說，我們不該反省過去所謂的「禮義之邦」嗎？不該仔細思考「何謂中國」這個問題嗎？

然而我之觸及「何謂中國」，係我反省長年研究中國歷史後結果，始於一種學術探索，當初的現實感還沒有後來那麼強烈或自覺。而今，現實觀察毋寧只是用來驗證我的研究成果而已，我雖然有立場，但絕對不是先射箭再畫靶，先有政治觀點再用史學粉飾。正式公開提出這個問題，應該追溯到二十多年前，上世紀末，我應日本秦漢史學會之邀，在他們的第十一回（一九九九年）年會上發表的專題演講，[1] 講述古代政治文化從多元到不同程度的一體性的出現。我從學術上檢驗考古家蘇秉琦之破除「中華大一統」到社

1 杜正勝，〈中國古代社會多元性與一統化的激盪——特從政治與文化的交涉論〉，《新史學》11卷2期（2000），頁1-39。又見籾山明譯，〈中国古代社会における多元性と統一化の激動——政治と文化の交渉から論ず——〉，《日本秦漢史学会会報》第1号（2000），頁4-75。

會學家費孝通因應現實的「多元一體格局」，評述他們的說法，以理解歷史事實和學術觀點的辯證關係。當時我演講的主要內容集中在先秦時代，尤其是考古資料的詮釋；不過最後一節餘論提出了「漢化假說」，我說漢文化成為一元性文化，與政治的帝國一統互為表裡，於是涉及什麼是中國？什麼是中國人？什麼是中國文化？種種看似簡單卻不易說清楚的問題。當時我並沒有給出什麼答案，算是給自己開了一張研究支票，作為日後的功課。

西元二〇二〇年，在世界開始從過去三、四十年的中國迷夢中普遍地覺醒時，我應政治大學「羅家倫國際漢學講座」之邀，發表系列演講，主題是「重新認識中國」〔圖1〕，終於稍稍兌現二十多年前的許諾，也回應近年來世人關心的「何謂中國」這個問題。講座首揭「大歷史的中國速寫」（二〇二〇年十月二十九日），演講相當概括，兩年後寫下比較細緻的論述，改為本書的題目，在中央研究院歷史語言研究所出版的《古今論衡》發表。〔圖2〕

「何謂中國」？中國、中國人以及中國文化是什麼？這些可能人各異說的問題，似乎熟悉，其實牽涉整部中國歷史，非常複雜。我直接的反應是沒有平面的答案，答案應存在於長期累積的過程中，所以是一個「大歷史」問題。個人從事專業研究多年，到晚年才了解到歷史的探索，不但要沿波討源，尋根究柢，還要由表及裡；不但要理清演變痕跡，還要揭發本質，這樣才可能概括其面貌而深入其精神。歷史既要見其貌，又要得其神，便非「大歷史」不可，而「大歷史」則非「速寫」難以見其面目。

本書嘗試對中國作一概括性的速寫，只考察中國是怎麼形成這一層，算是中國史的骨幹。以我長年研究的領悟，絕對不

圖 1　羅家倫國際漢學講座「重新認識中國」海報

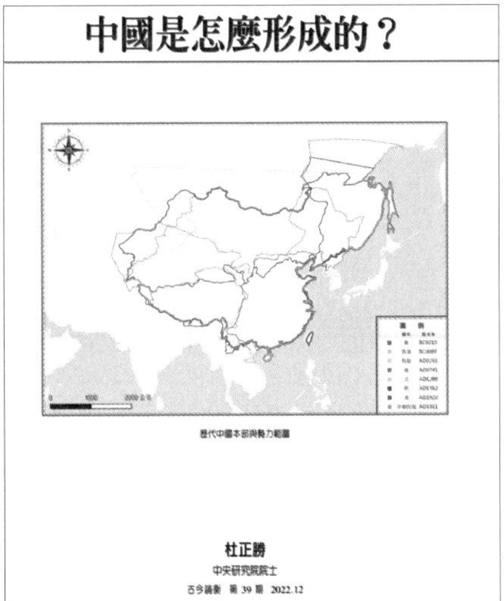
中國是怎麼形成的？

歷代中國本部與勢力範圍

杜正勝
中央研究院院士
古今論衡　第 39 期　2022.12

圖 2　《古今論衡》「中國是怎麼形成的」首頁

要抱持一言論定的幻想，也不要期待有什麼大師或大理論可供依循。我們的原則是盡可能避免淪於虛玄，本著歷史學的基本方法和態度，從可信的史料作成合理的論述；憑藉史學的看家本領，平實地追踪「中國」的演變軌跡。我們想看看古今的「中國」是怎麼形成的，至少希望獲得一些比較可靠的答案。

俗話說：「一部二十四史不知從何處說起？」然而天下的道理，自其大者觀之，無物不小；自其小者觀之，無物不大。歷史也一樣，大處著眼，即使百年也成了小單位，故謂之「大歷史」。大，容易流於粗疏，再下一步便是膚淺；不過史家大歷史的書寫要像畫家速寫，寥寥幾筆，勾勒出形象的面目，又穿透其內在世界。

中國，不論名或實都有其發展過程，本書這幅中國速寫，從時間的演進和地域的延伸，看看中國是怎麼形成的，從中了解中國過往恆久性的特點，並考察中國人與異民族或外國人相處的基本態度，這些態度反應在現實的政經關係，也是他們內心的寫照。

第1章

鳥瞰中國歷史一萬年

大家都知道歷史學講求變，觀察人群自古至今的種種改變，所以不會奢望探討永恒的真理，但這並不意味歷史家不討論一個社會長期延續的現象和特點，也就是這個社會的本質。

所以歷史學既考察變，也考察不變或不易改變者，兩方面並存。關於變的現象，放在時間脈絡中才更容易看得清楚。

不同的歷史分期

傳統史家說史，多始於文字記載的時代，近代史學的要求卻需有當代紀錄才算數，所以嚴謹的中國史學只能始於甲骨卜辭的殷代；其前的載記俱屬傳說時代，超乎人世情理的更早故事則劃入神話時代。譬如過去人講中國古史，開口就說三皇五帝，按照近代興起的史學，三皇算神話，五帝只是傳說，因為它們都缺乏當代可信史料佐證。

不過，缺乏文字、文獻的時代，可以借用考古資料來彌補。拜近現代考古成果之賜，討論中國的形成，可以放在最近一萬年的時空架構中，不只是五千年或三千年而已。近代考古學有地層學可以建構時間序列，輔以器物類型學和一九五〇年代以後才運用的碳十四測年法，即使無文字記載，人類活動的時序仍然能夠建立起來，雖不如檔案紀年之精密，對於觀察社會與文明發展的大歷史，應該足夠了。

我是屬於結合考古學和文獻學的新學派，所以中國土地上的人群開始過定居生活，知道農作栽培，也就是考古學所謂的新石器時代就算歷史了，距今約一萬年前。這種研究路徑源自澳大利亞出生的歐洲考古學家戈登・柴爾德（V. Gordon Childe，一八九二～一九五七），他那著名的理論，從「新石器革命」（Neolithic Revolution）進入「城市革命」（Urban Revolution），清晰指出人類早期歷史發展的圖像軌跡。[2]

不論東方或西方，長期以來歷史紀錄都有紀年（chronology）的傳統，以朝代帝王

2 參V. Gordon Childe, *Man Makes Himself* (1936), Bradford-on-Avon, Moonraker Press, First illustrated edition (1981), pp. 68-143.

繫年。這種流水帳殊難建立時代觀念。到文藝復興時代，義大利人祖述希臘羅馬，貶抑他們承接的中古千年為「黑暗」，乃創古代（Ancient）、中古（Middle Ages）和近代（Modern）的三段法。據考，三段法始自雷歐納多・布魯尼（Leonardo Bruni）之《佛羅倫斯人民史》（*Historiae Florentini Populi*, c.1442），弗拉菲歐・比歐恩多（Flavio Biondo）再推溯到羅馬帝國（*Historiarum ab inclinatione Romanorum imperii*, *Decades of History from the Deterioration of the Roman Empire*, 1484）。[3]晚近史家遂多承襲這種三期法，或把近代這期一分為二，而成四期。

三期或四期劃分法，都只限於所謂有文字記載的時代，運用到中國歷史上，此理論之引介與提倡，首推雷海宗（一九〇二～一九六二）。可能中國歷史太長，他依此模式又分前後兩周期，每一周期都經歷了封建——貴族——帝國的三段模式，[4]可謂獨特的三期論。過去中國史研究固不乏抱持三或四段模糊概念的學者，但真正身體力行，落實到具體研究的人甚少，倒是日本東洋史家宮崎市定（一九〇一～一九九五）晚年出版的《中國史》做了具體的示範。宮崎氏將中國歷史區分成四大段落：古代、中世、近世和最近世，古代止於東漢，中世自三國迄唐末五代，近世從北宋至清末，最近世始自中華民國。古代至東漢末，他比之羅馬帝國衰亡，近世始於北宋，猶如文藝復興，二者中間是中古，再加上當代的最近世。這種四期論展現宮崎氏在世界史範圍內的宏觀通識，他也認為自有創意，我早年寫過書評，提出一些商榷，因非本書的重點，茲不具論。[5]

斷代分期的條件，在於能把握一個時段的共象以區別於其他時期，雷海宗所謂的「封建的」、「貴族的」和「帝國的」，即是他標識該時段的「文化形態」。文化形態史觀雖然不標榜唯物主義，但標識時代特色的作法顯然帶有歷史唯物論的痕跡。歷史唯物論起源於十九世紀中期卡爾・馬克思（Karl Marx, 一八一八～一八八三）社會形態說，經過列寧（Vladimir Lenin, 一八七〇～一九二四）改造，至史達林（Iosif Stalin, 一八七八～一九五三）總結為原始氏族——奴隸制——封建制——資本主義——社會主義的五

---

3 引自Jeremy Norman's Historyofinformation.com, "Origins of the Three-Period Framework of History".

4 雷海宗〈中國文化的兩周〉及〈歷史的形態與例證〉，收入雷海宗、林同濟，《中國文化與中國的兵》（外一種），長沙：岳麓書社（1989重印），頁131-164, 201-220。

5 宮崎市定著，邱添生譯，《中國史》，臺北：華世出版社（1980）。杜正勝，〈評宮崎市定著「中國史」〉，《史學評論》3期（1981）。

個時期，又稱作「歷史五段論」。

歷史五段論植基於生產力與生產關係，下層結構決定社會生活與精神生活，也就是上層結構，從原來的社會形態說衍變成歷史階段論後，其僵化矛盾已經不言而喻。但中國共產黨建政的前三十年，五段論卻成為中國歷史研究和歷史教學的金科玉律，甚至延伸到各個領域，塑造國民的史觀，成為日用語彙。即使學術研討也都限制在這種僵化的架構內，中國政府只容許學界可以有具體時代劃分點的差別，不可以有不同的架構。譬如說中國奴隸制何時終止，有人說春秋戰國之際，有人說東漢，甚至有人說魏晉還是奴隸時代。類似於「鳥籠經濟」的自由，一九五〇年代中國歷史學界發生過的歷史分期論辯，雖然轟轟烈烈，但不論古代史分期或近代的資本主義萌芽，都離不開歷史五段論的框架。

上世紀八十年代改革開放後，五段論雖然不再是主宰史學研究的教條了，但其概念在中國仍不可能由其他分期法取代；至於涉及塑造國民意識的教學領域，這種僵化的教條依然是主調。當一個政權植基於馬列主義的理論和意識形態時，其歷史分期法是不可能改變的。

萬年中國三期論

歷史五段論或五期論是一種非歷史、也非社會的史觀，然其時間涵蓋史前，標識各社會階段特徵，形式上，這兩點符合我說的歷史分期要件，故亦不無可取。中國大歷史的建構應具備這兩方面，但我們的內涵當然與它截然不同。茲列出我所擬的一萬年中國歷史分期，如表一。

一萬年的中國史可以分作三大段落，也可以說是三期，「原始社會」約占前面的一半，後半由「城邦時代」和「編戶齊民」平分，前個轉型期可有五百年之久，後面的轉型期大約也有三百年左右。我

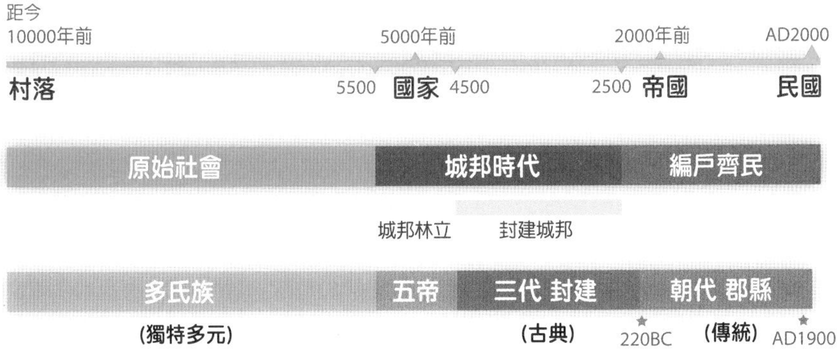

表一　萬年中國史分期表

在上世紀七〇年代撰寫的《周代城邦》和八〇年代的《編戶齊民》為這幅年表奠定了基礎。

講中國歷史而包括沒有文字的史前，是傅斯年創建的史語所的學風，這張一萬年年表始自新石器時代的原始社會，也顯然受到柴爾德的影響。事實上，地球自更新世中期至今的人類（Homo Sapiens，智人），先有文化（culture），而後有文明（civilization），從知道農作，採取定居，進入文明後才邁步前進，發展出統治與分工，有剝削和被剝削的區分。中國當然也不例外，所以早年我便提出「從村落到國家」，作為討論中國文化根源的綱領。[6]

第一段通稱作原始社會時代，隨著近百年來考古學之發達，提供愈來愈多可以信賴的史料，一步步填補歷史記載的空白，不再如傳統史學只能以神話、傳說當作歷史。這是二十世紀中國古代史研究最大的貢獻之一，所以中國史應該上溯到距今一萬年前，不能只如過去說的四、五千年而已。

原始社會階段延續約五千年，在清朝的中國本部範圍內，北起遼河燕山，南至長江中下游，都出現各具特色的文化，可以劃分出不同的區系：古代考古學文化，既有各自傳承的「系」，也有互相影響的區。誠如考古學家蘇秉琦倡議的原始社會「滿天星斗說」，至晚期而形成「古國、古城、古文明」，[7] 中國於是出現林立的城邦。所以中國文明開始時是多元的，沒有單一的中心。

第二段城邦時代，大約相當於傳統史學的五帝和三代。城邦是一種國家形態，以築有城牆的大型聚落（古曰「國」）作為國家的主體，連同城外的農莊（古曰「野」）而構成一個「邦」，所以稱作「城邦」。古典文獻或甲骨金文雖不見「城邦」一詞，但有「城」、「國」、「野」、「邦」這些文字，而且意思也和西方的 polis 或 city state 近似。

6 杜正勝，〈華路藍縷——從村落到國家〉，邢義田主編，《中國文化新論・根源篇：永恆的巨流》，臺北：聯經出版公司（1981），頁21-72。

7 參蘇秉琦，《中國文明起源新探》，香港：商務印書館（1997）。

城邦是獨立的政治體，眾多城邦存在大小之分，其中最強大的共主對眾邦並沒有絕對權威，不過主持聯盟，當老大而已，就是共主。邦內的國君也只是諸多氏族之首，共享統治權力。城內庶眾（「國人」）是城邦軍隊的成員，仍延續原始社會以來的氏族組織，對統治貴族還能發揮一點制衡作用，但其政治權力不足以與古希臘城邦的公民大會（Assembly, *ekklesia*）和公眾法庭（Popular court, *heliaea*）相比擬。至於城外的「野人」（草地人，鄉下人）更不具「國人」的政治實力，身分也較低，然而並不是不具生命權和財產權的奴隸。

到歷史上的春秋時代，周王式微，不同集團的城邦同盟互相攻伐，戰爭頻繁，過去只由國人組成的軍隊已不符所需，要擴大兵源，於是各城邦紛紛起用「野人」當兵，「國」、「野」的身分差異於是泯除，中國進入「編戶齊民」的時代。

編戶齊民雖然標識一種社會構成，亦體現一種國家形態，即中央集權的帝國。編戶者，全國人民編錄於戶籍，齊民則指在國家最高統治者的權威腳下，即使他們的經濟實力千差萬別，人人身分齊等。廣大的齊民作為國家的基礎，支撐層層的統治階級。嬴秦完成統一帝國後，中國大地只有一個國家，只有一個絕對權威的皇帝，透過一個中央政府和二或三級地方政府而統治廣土眾民。帝國治下的齊民耕田納糧，向政府提供無償勞動的徭役，並且接受徵調，服兵役以保衛政權。齊民的主要任務不外耕種和從軍，農、戰便成為政權存在的兩大基石，這種國家形態歷經秦漢以下無數朝代，直到今天沒有產生本質性的改變。

萬年中國史三段論——原始社會、城邦時代和編戶齊民，不但有時段區隔，也能體現中國政治形態與社會構成的特徵，可以當作中國歷史的骨幹。每個段落長達數千年，當中固然有變化，但本質一直延續下來。此一斷代分期法也適用於文化思想層面，譬如歷史時期的「城邦」和「齊民」這兩段，也可稱作「古典期」和「傳統期」。中國經典產生於古典時期，時代斷限包含戰國二百餘年。近代人講中國思想，特別表彰戰國諸子百家，不過反映近代崇尚或期望自由的學風罷了，在漫長中國歷史中只是短暫的特例而已。即使所謂百家爭鳴，戰國的儒家甚至墨家或法家都不同程度地引經據典，而秦漢以下兩千年的傳統時期則以經典詮釋為主，完全看不到馮友蘭《中國哲學史》（初版）說的「子學時代」。

斷代分期不但概括歷史內涵，直指歷史本質，也體現史家的關懷和史觀。我的中國史三段分期既不同於西史模式的古代、中古、近代三段說，更與唯物主義的歷史五段論不同；在歷史時期倒與傳統史觀的「封建」、「郡縣」不謀而合，但關懷則異。

慧眼獨具的〈封建論〉

傳統史學關於大歷史演變的論述，深刻而睿見者，首推唐朝柳宗元（七七三～八一九）的〈封建論〉[8]〔圖3〕。中國的封建，過去一般歸結於周初文武周公的創制，但柳宗元不以為然，他說封建是人類有政治體之後，由小而大，從下而上，逐漸形成的結構。在「封建」體制下，諸多大小政治體皆具有獨立自主性，他認為這不是哪個聖王的創制，反而是歷史時勢造成的。概括成一句話來說，就是「非聖人意也，勢也」。他所講的大小政治體，里、縣、諸侯、方伯、連帥，雜採先秦典籍的行政和政治單位，其實就是大小城邦。他說這是歷史的自然產物，可見他看到了城邦，也看到城邦的演變，這點最具史識。

中國史上相對於「封建」是「郡縣」，代表兩個不同時代，兩種不同體制。不過傳統官僚士大夫之討論「封建」和「郡縣」，合不合乎歷史發展倒不在意，更關心的是現實政策與文化象徵。雖然秦始皇下廷議，讓群臣論辯二者優劣，最後由他裁決，確定推行郡縣，封建邦國乃一去不返。由於嬴秦兩代就滅亡，不如周之享祚八百年，在後人心目中，「封建」乃代表令人嚮往的周政，「郡縣」則是暴秦的象徵，所以歷代仍不斷有恢復封建的籌議。柳宗元寫〈封建論〉就是在這種歷史傳統以及唐中葉藩鎮擅權割據的現實環境中，抒發史觀和政見，可以當作史論，其實即是政論。他論說周代亂多治少，「失在於制，不在於政」；秦雖土崩瓦解，「失在於政，不在於制」。關於國家政體的建制，他絕對是肯定郡縣制的，後來寫史的人，即使是近現代的歷史教科書都沒有好好納入他這麼敏銳的史識。

柳宗元深刻地指出當權統治者的心態，認為不論封建或郡縣，「其情私也」，這一

8《五百家註柳先生集》，收入《四庫善本叢書初編．集部》，臺北：四庫善本叢書館（1959），卷三，頁1-8。

點周與秦實無差別。他說：

（三代聖王不能廢諸侯，）夫不得已，非公之大者也；私其力于己也，私其衛于子孫也。秦之所以革之者，其為制，公之大者也；其情，私也，私其一己之威也，私其盡臣畜于我也。

中國人崇尚夏、商、周三代，開國之君都尊作聖王，這時眾多諸侯國林立，構成封建。柳宗元說，即使是聖王，還是沒

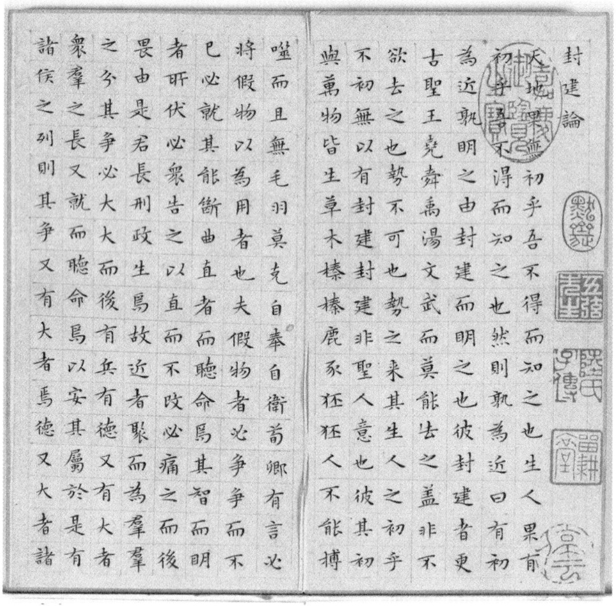
封建論
天地果無初乎吾不得而知之也生人果有
初乎吾不得而知之也然則孰為近曰有初
為近孰明之由封建而明之也彼封建者更
古聖王堯舜禹湯文武而莫能去之蓋非不
欲去之也勢不可也勢之來其生人之初乎
不初無以有封建封建非聖人意也彼其初
與萬物皆生草木榛榛鹿豕狉狉人不能搏
噬而且無毛羽莫克自奉自衛荀卿有言必
將假物以為用者也夫假物者必爭爭而不
已必就其能斷曲直者而聽命焉其智而明
者所伏必眾告之以直而不改必痛之而後
畏由是君長刑政生焉故近者聚而為羣羣
之分其爭必大大而後有兵有德又有大者
眾羣之長又就而聽命焉以安其屬於是有
諸侯之列則其爭又有大者焉德又大者諸

圖3　文徵明書柳宗元〈封建論〉（部分），國立故宮博物院藏。

辨法廢除諸侯，他們之不廢除，其實是不能，而不是不想。他們讓諸侯林立，實出於不得已，不是「天下為公」，而是出於私心。當時人豈不說過：「封建諸侯，以蕃屏周」嗎？周王存著諸侯邦國服務於己的私心，還要求保衛其子子孫孫。秦始皇革除封建，代以郡縣制，就制度而言是「天下為公」的，但其內情則出於私心。沒有諸侯邦國了，可以建立自己的最高權威，把眾臣工都當作他所畜養的奴僕，原本著眼於公的制度遂淪為最大的「私」。中國幾千年政治的本質，柳子厚幾句話透視無遺，〈封建論〉不愧是千古名論，不只是歷史解釋或政論而已。

然而相對於柳宗元的「封建」與「郡縣」，我的「城邦說」和「齊民論」則有不同的關懷。我成長於一人一黨集權且戒嚴的時代，目睹耳聞，對應史籍，有感於中國歷史發展竟然成為政治力量獨大、社會力量萎縮之局，致使一人獨裁的中央集權制牢不可破。然而研讀《左傳》，卻發現古代有過相對獨立自主的城邦，城內居住的「國人」近似自由民，能參與政治。可是城邦沒落後，新的政治社會卻形成龐大帝國，皇帝高高坐在頂端，萬民墊在最底層，構成帝國的基盤，中間的各級官員只是皇帝的僕傭，和封建城邦天子之下的公卿、大夫、士所擁有的大小權力截然不同。那時代小國能夠存在，統治階級共享權力，尚無絕對王權，部分平民（國人）甚至能發揮左右政局的作用。

關於城邦時代邦國並立的狀態，五十年前我撰寫《周代城邦》初稿時已有充分舉證，這裡只引大家熟悉的《論語》〈季氏篇〉所記孔子反對季康子攻打附庸小國顓臾，以及〈堯曰篇〉：「興滅國，繼絕世，舉逸民，天下之民歸心焉」的論述。這些史料雖然呈現孔門理想的政治主張，但有歷史背景做根據。這些現象進入編戶齊民時代完全成為絕響，「齊民論」則關注帝國基礎的庶眾，發現他們只有對政府盡義務的份，不可能向國家要求權利。秦漢以下兩千年的政治社會結構，編戶齊民的特質基本沒有改變過，可以視為中國國家與社會形態最醒目而持久的標識。

這裡提出的「萬年中國史分期表」斷代，從大歷史的觀點，原始社會尚無「國家」，城邦時代有國家，但無近代意義的「中國」，及至編戶齊民時期才開始出現所謂的「中國」。標識「城邦時代」與「編戶齊民」，可以客觀地呈現政治社會特質，給讀者中國幾千年歷史的新認識，也有歷史關懷，對史學專業者或可參考，對一般知識人讀史應該比較有用。

我常覺得一般人讀史不同於專業者，當學習諸葛武侯之「觀其大略」，史載「亮在荊州，與穎川石廣元、徐元植、汝南孟公威等游學，三人務於精熟，而亮獨觀其大略。」（《三國志・諸葛亮傳》裴松之注引《魏略》）諸葛武侯認為三位友人仕進可至刺史郡守而已，友人反問他可以勝任什麼職位，孔明笑而不答，平昔則自比管仲、樂毅。因為諸葛武侯讀書能見其大，近似今日學術界所謂的「大歷史」，但還含有識見的層次，培育足以擔當大局的人才。

第2章

中國本部的形成

什麼是中國或中國人，既然成為學界和一般社會所關切，解答這問題，當然要先確定「中國」這個政治體指涉的範圍，才能說到其中的人、事、物，才算是中國的歷史。範圍以外當然變成外國史，對中國頂多只是關係史或交通史而已。然而，放在這個一向自負歷史悠久且未曾中斷的國家，它的範圍並不是三言兩語可以回答明白的。

中國範圍到哪裡？

對身處臺灣的我們來說，這些年來經常會被北京的宣傳所困擾，也是一種騷擾。他們說：「臺灣自古是中國不可分割的一部分」，通常還會加上修飾詞「神聖」兩字；但這句政治意味十足的口號，既不符合歷史，也非實事求是的態度。眾多史料反而呈現如雍正皇帝在登基元年的上諭所說：「臺灣地方自古未屬中國，皇考（康熙帝）聖略神威，取入版圖」（「諭從優議敘平臺官員」），[9] 才是正確的表述。康熙二十三年（一六八三）征服鄭氏政權，翌年臺灣設一府三縣之前，或者說提早二十二年（一六六一）鄭成功進入赤崁之前，臺灣都和中國政府不相干。可見探討「中國」的範圍，也就是版圖，不只是單純的歷史，也是現實的政治課題，正困擾著臺灣不同的政黨人士與一般人民；其他有爭議的邊界地區，以及中國治下的非漢族地帶，也有類似的矛盾。

這個問題，任何立論皆難免反映論者的政治立場，但只有回歸學術，憑正確史料說話，才可能獲得真知識，也才是文明世界解決爭議的態度。

無可諱言的，不論專制或民主，國家疆域多屬於敏感的政治問題，而疆域最直接的表現則在地圖，所以疆域地圖便成為出版界最謹慎的業務。近代中國著名的歷史地理學家譚其驤（一九一一～一九九二）在一九七〇年代完成的《中國歷史地圖集》，首要課題是如何畫定歷代中國疆界，從他的日記可以嗅到濃濃的政治味。

一九五四年毛澤東要求編繪歷史地圖，吳晗推薦上海復旦大學教授譚其驤來承擔此

---

9 劉良璧編，《重修福建臺灣府志》（1741），收入《臺灣文獻叢刊》第74種，臺北：宗青圖書出版公司重印（1995），卷首〈聖謨〉。其他相似史料所在多有，參看杜正勝，《臺灣心・臺灣魂》，高雄：河畔出版社（1998），「清人認為臺灣自古不隸中國」，頁181-185。

一重大任務。譚氏受教於主編《禹貢》的顧頡剛，專精歷史地理，他的日記對任務的籌畫頗有交待。一九五五年二月十一日，譚其驤自滬啟程赴京，到地圖出版社任職。從三月底開始，多記錄籌備歷史地圖之事，如開歷史地圖選題會議（四月十一日），修訂選題計畫（四月十二日），特別記述政治敏感的課題，如地圖出版社總編張思俊來談歷史地圖處理臺灣、朝鮮、越南及少數民族原則事（八月二十七日）。關於臺灣在中國歷代地圖上如何畫？日記云：「搞地圖上之臺灣問題」（九月十四日），請張思俊召開座談會決定臺灣問題（九月十五日），又張思俊求索關於臺灣、屬國、少數民族問題之書面意見（九月十七日）。這份書面五天後交付張氏，題曰：「歷史地圖若干問題處理方案」[10]，這位張總編應該是負責出版品政治審查的官員。原則確定後，譚其驤在一九五七年乃返回復旦大學組織畫圖班子，開始繪製，後因文革停頓一段時間，到一九七四年繪製完成，八年後由地圖出版社印行問世。

我們看到的八冊《中國歷史地圖》，直到〈清時期〉這冊臺灣才繪成與福建同色，表示這時才隸屬中國，作為福建省的一個府。學界公認這部歷史地圖是至今最具權威的著作，從過程和成果都反映譚其驤尊重史料的學術素養，也可看到當時的中國政府尚有敢於面對歷史事實的自信心。

關於製作歷代地圖的原則，一九八一年在一個學術座談會上，譚其驤講述編撰地圖集的態度。[11] 他認為「現代中國人不能拿古人心目中的『中國』作為中國的範圍」，就歷史學家關注現實而言，此一態度雖不符合歷史，但還可以理解。他又說：「我們既不能以古人的『中國』為歷史上的中國，也不能拿今天的中國範圍來限定我們歷史上的中國範圍」，這便不好理解。歷代不同時期的中國人所認為的「中國」範圍，不能當作他們那個時代的中國，難道我們今天的認定，會更接近當時中國的真實疆域嗎？譚氏不取今日中國範圍作歷史的中國，而以「十八世紀五十年代到十九世紀四十年代鴉片戰爭以前的中國版圖作為歷史時期的中國範圍」，其實是採五千年來中國政權最廣大的疆域作基盤，來安排歷代與中原王朝有不同程度交涉的民族與國家，都當作歷史上的「中國」，

10 以上參看葛劍雄編，《譚其驤日記》，〈京華日記〉，廣州：廣東人民出版社（2013）。

11 譚其驤，〈歷史上的中國和中國歷代疆域〉，《中國邊疆史地研究》1991年1期，頁37-45，收入《譚其驤全集》，北京：人民出版社（2015），第一卷，〈代序一〉。

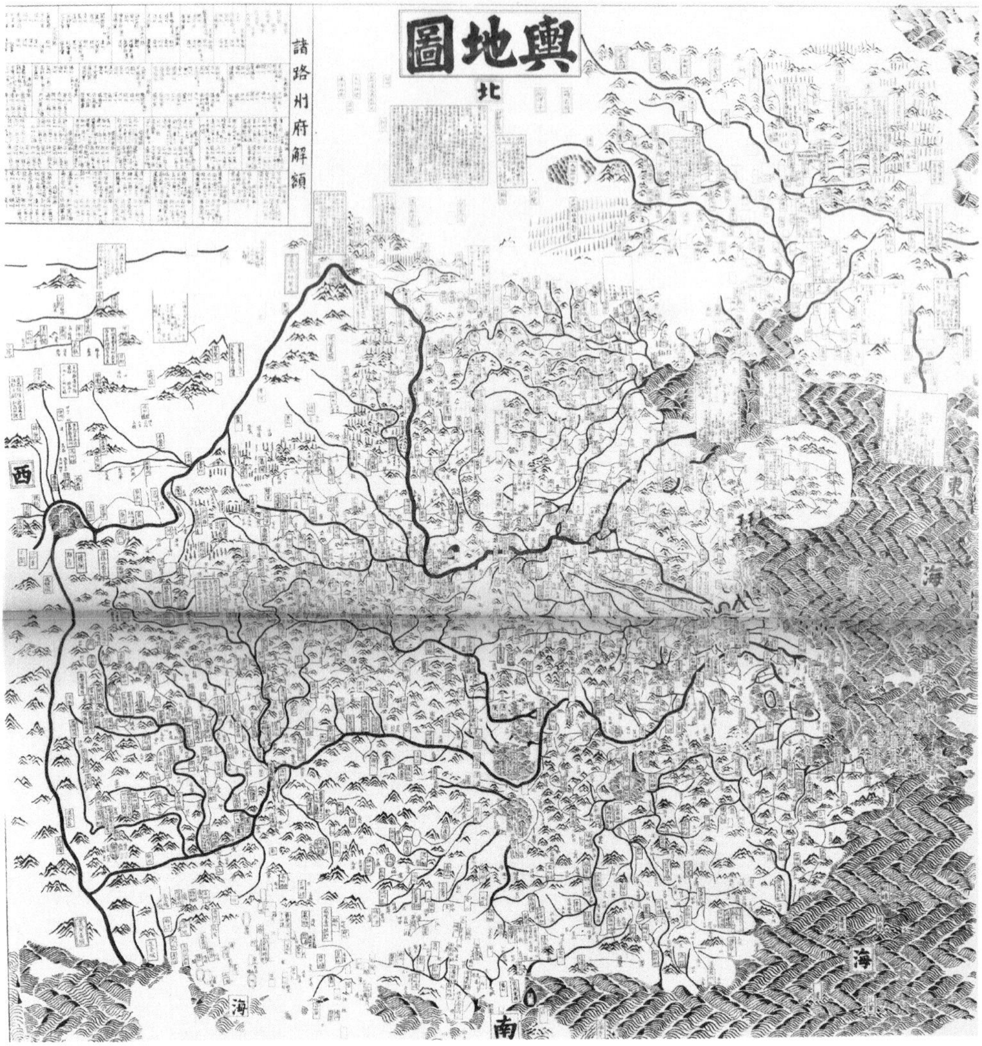

圖 4　輿地圖（墨線圖，拚版）

固然可保政治正確，難道符合歷史真實嗎？基於此一前提，他認為歷代中原王朝不等於當代的「中國」，故王朝疆域不是當時中國的範圍，那麼歷史上真正的「中國」在哪裡呢？難道是清乾隆到道光之間的那個最大範圍的「中國」嗎？

我的研究態度則不同，主張還原不同時期「中國」的真面目，回到當代人所認定的中國。一九八〇年代初，中國科學院自然科學史研究所邀集有關古地圖庋藏研究單位，編纂《中國古代地圖集》三巨冊，在九十年代先後出版。[12] 這些地圖分別有石刻、簡牘、拓本、紙本、絹本及雕版印刷，從戰國到清，其中涉及全中國疆域者則有禹跡、華夏、地理、輿地、九州等不同名目。這些圖基本上多能反映製作時代認定的中國。尤其像北宋「華夷圖」（一一一七～一一二五），區分中國與四裔，南宋「輿地圖」（約一二七〇左右）特標「諸路府州解額」（圖4），或《歷代地理指掌圖》（北宋至南宋編）的「唐

12 曹婉如、鄭錫煌、黃盛璋、鈕仲勛、任金城等，《中國古代地圖集》一・戰國——元（1990），二・明代（1994），三・清代（1997），北京：文物出版社（1990-1997）。

十道圖」，明定設官治民的行政區，凡此才是名符其實的「中國」。[13]

我們的態度或許也可算是另一種政治立場，但至少回歸歷史學的求真原則。依此原則，任何論爭都屬於學術考辨的技術性問題而已，不至於被現實政治意識形態所左右。

先從地理觀察當今的中國。中國坐落在歐亞大陸的東南隅，背對難以越過的高原、沙漠和草原，另一邊則面向浩瀚阻絕的海洋〔圖5〕[14]。就方位而言，中國所在之地隔絕而孤立，並不在人類主要歷史舞臺，也不是歐亞大陸的中心。事實即使這麼明顯，但在中國漫長的歷史中，除佛教盛行時期外，廣大的中國人並不知道他們處於世界的邊緣，我們且舉十八世紀初期一則生動的記述，讀者當可瞭然於心。

法國耶穌會傳教士沙守信（Émerric de Chavagnac，一六七〇～一七一七）於康熙四十二年（一七〇三），從江西撫州府（今撫州市）寄信回法國給同會的郭弼恩神父（Charles Le Gobien，一六五二～一七〇八），[15]說起他向中國人展示地球儀的故事。他說有九到十位文人（應該屬於生員一級）要看他帶來的地球儀〔圖6〕[16]，他們在上面尋找中國，找了老半天，認為包含歐洲、非洲和亞洲的那個半球是他們的國家，甚至覺得把世界其他部分歸於美洲似乎還大了一點。沙守信故意不作聲，任由他們你一言，我一語，直到其中一人要他解釋上面標識的文字和地名，他才說：「你們看到的，這是歐洲，這是非洲，這是亞洲。在亞洲，這裡是波斯，這裡是印度，這裡是韃靼地區。」「那麼中國在哪裡呢？」他們都喊了起來。我回答道：

> 就在這塊陸地的角落裡面，這就是它的邊界。

---

13 上引《中國古代地圖集》「戰國——元」，Nos. 62, 83, 97，以及相關的圖版說明。

14 Pepin van Roojen, *The Agile Rabbit Book of Historical and Curious MAPS*, Amsterdam, The Pepin Press (2005), p. 26.

15 〔法〕杜赫德編，鄭德弟、呂一民、沈堅譯，《耶穌會士中國書簡集：中國回憶錄》，鄭州：大象出版社 (2001)，I，頁242。原編Jean-Baptiste Du Halde ed., *Lettres Édifiantes et Curieuses, Écrites des Missions Étrangères, Mémoires de la Chine*, à Lyon: J. Vernarel (1819).

16 這個地球儀係阿姆斯特丹的製圖家Gerard Valck及其子Leonardus Valck 1700年製作，由於年代接近，沙守信的地球儀也可能是這種式樣。

圖 6　地球儀（1700）阿姆斯特丹 Valck 父子製，日本平戶松浦家收藏

圖 5　中國位處歐亞大陸東南一隅

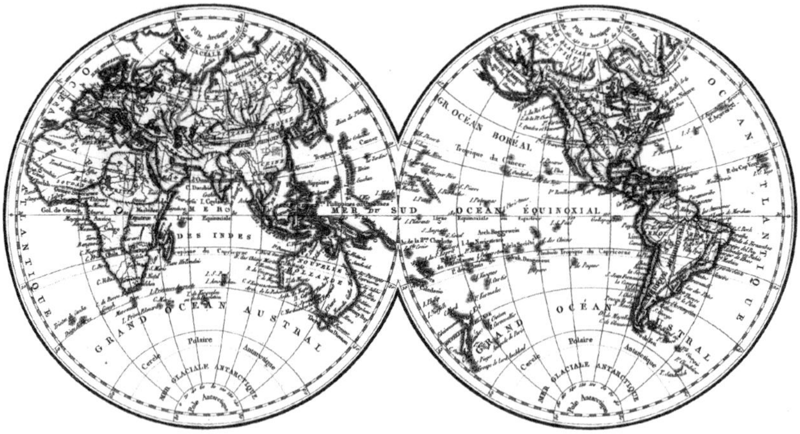

圖 7　中國（本部）在東西半球的位置

沙守信說，我難以表達當時他們是多麼驚訝，面面相覷，然後自言自語地吐出幾個字：「小得很。」

我們選用一張東西半球的古地圖代替地球儀的平面，特標中國（本部）的位置，以見與世界各大洲相對的大小〔圖7〕[17]，再回到沙守信解說世界地理的情景，撫州士子的驚訝與落寞就不難想像了。

17 同注14，頁27。

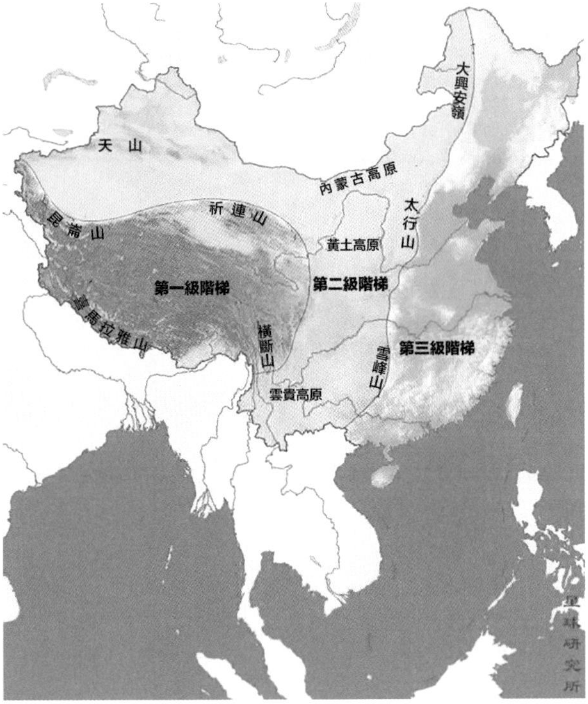

圖8　中國地質三階圖

座落在歐亞大陸一個角落的中國，由於地球板塊碰撞，今日中國境內的地質造成三個階梯，按其海拔高度，依次是青藏高原第一階，蒙古、黃土和雲貴高原第二階，大興安嶺、太行山和雪峰山脈震旦走向這一線以東的平原丘陵地帶第三階〔圖8〕。這三個階梯與高寒、乾旱、季風三個氣候區有相當程度的吻合。[18]

氣候和地形影響人類行為甚鉅，一萬年中國歷史舞臺主要是在扣除東北的第三階梯，加上第二階梯的中部，黃河到長江之間。第一階的高原和第二階的草原都不是中國人活動的地域，大體上這兩個階梯把第三階梯的中國本部隔絕在歐亞中心之外，只有少數幾條孔道通往中亞、西亞或更遠的歐洲，長年以來中國人就在歐亞大陸這個相對封閉的區塊自稱「中國」。

「原中國」的所在

上文第一章說過，新石器時代，中國疆域內多種文化並存，考古學家蘇秉琦比之為「滿天星斗」，進而發展成眾多古國、古文明之說。[19] 這也就是城邦林立的局面，此時當然還沒有「中國」的觀念。傳說的共主黃帝雖「邑于涿鹿之阿」，定居在涿鹿山腳下，傳統認為在上谷，即今河北北部、北京之西，但「遷徙往來無常處」，還不脫游移「行國」的傳統。（《史記・五帝本紀》）聖王堯舜每年也按四季分別到四方去會諸侯，古書稱作「巡守」。（《尚書・堯典》）司馬遷整理夏商兩朝歷史，其君王因不同原因而多次遷徙，凡此種種都顯示尚難產生「中國」的概念，亦不可能有其現實。恐怕要到商王盤庚遷殷以後，古本《竹書紀年》說：「二百七十三年，更不徙都。」共主的都城長期不遷，才可能逐漸有「中國」的觀念。

即使殷商後期都城固定了，但傳世文獻或新出資料都未見「中國」兩字。「中國」這個名詞，今知最早者見於西周開國之初的銅器〈何尊〉，銘文的「宅茲中或（國）」是說在這個中國建都，「中國」只指新都洛邑，並不具備國家疆域的意涵。這問題涉及

18 星球研究所，〈中國從哪裡來?〉，引自https://baijiahao.baidu.com/s?id=1610729274586645299&wfr=spider&for=pc（2022.10.04檢索）。

19 前引蘇秉琦，《中國文明起源新探》第六章三部曲與三模式。

古文獻訓詁，許多人不察，看到「中國」兩字，何況又是近現代人重視的考古出土文物，便認定西周初就有「中國」（疆域上）的觀念和事實了，其實並不正確，下文第四章會詳細討論。不過，後世意義的「中國」此時則逐漸在形成中，這個階段可以稱作「原中國」（Proto-China），而其範圍到哪裡？司馬遷所說三代都城聚匯之處的「三河」，或許是比較妥當的認識。

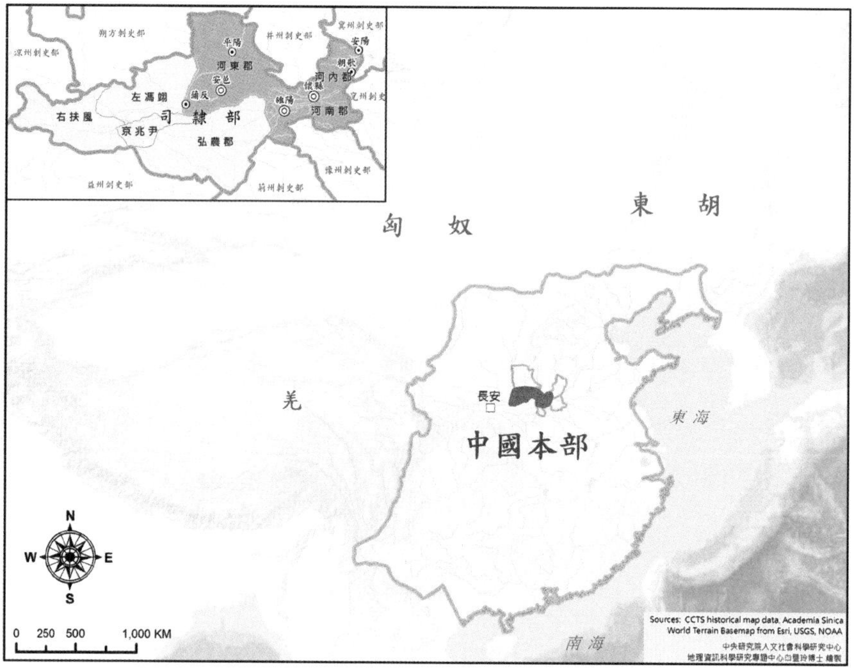

圖 9　三河天下之中

太史公在《史記・貨殖列傳》說：

> 昔唐人都河東，殷人都河內，周人都河南。夫三河在天下之中，若鼎足，王者所更居也。

黃河沿河套而東，在陝西、山西兩省交界轉而往南，至潼關又折而東流，山西西南部黃河曲折之區曰河東，河水東流，其南曰河南。古黃河東過滎陽轉往東北，經濬縣北流到河北碣石出海；在今河南境內，黃河一線以西至太行山東麓的地區曰河內。唐者唐堯，指堯舜時代，也包含夏代，因為傳說堯都平陽，即《詩經》之唐國，舜都蒲阪，禹都安邑，[20]都在黃河之東。殷都所在的安陽，即古之河內，而周都的成周洛陽在古之河南。

---

20 堯都，見《史記・五帝本紀》《正義》引《帝王紀》：「堯都平陽，於《詩》為唐國。」舜都，同上《集解》引皇甫謐曰：「舜所都，或言蒲阪，或言平陽，或言潘。潘，今上谷也。」禹都，《史記・夏本紀》《集解》引皇甫謐曰：禹「都平陽，或在安邑，或在晉陽。」

綜合整理五帝三代歷史的司馬遷大概借用當時所置的河東、河南、河內三郡之名，把山陝黃河拐彎入豫西這地帶稱作「三河」，自堯舜以來王者之都在此，故說居天下之中心。天下之中，即當時所知眾多城邦的中心之國，可以稱作「原中國」。需要說明的，示意的〔圖9〕三河在漢代三個郡的範圍內，而堯舜夏商周時的「三河」，當然沒有漢代這麼廣袤，北部與東部應該小得多。

三河分別作為帝王之都，與其他眾邦都城構成當時「中國」的全部，範圍見於〈禹貢〉。〈禹貢〉雖然托之於城邦時代早期的夏禹，其實是城邦晚期的著作，劃分天下為九州。由於九州有些州名後世作為省分的簡稱，如河北省簡稱冀、河南省簡稱豫，古今地名相雜，範圍認定遂產生混淆，其實漢代孔安國作註，各州範圍大抵多有確指。《孔氏傳》曰：

> 兗州，東南據濟水、西北距河（黃河最早故道）；
> 青州，東北據海（渤海），西南距岱；
> 徐州，東至海（黃海），北至岱，南及淮；

揚州，北據淮，南距海（東海）；
荊州，北據荊山，南及衡山之陽；
豫州，西南至荊山，北距河；
梁州，東據華山之陽，西距黑水；
雍州，西距黑水，東據河，龍門之河在冀州西。

只有九州之首的冀州未明指界域，孔安國解釋說：「此州帝都，不說境界，以餘州所至則可知。」理論上，天子擁有天下，故他所在的冀州不好固定在一個範圍內。從文本推斷，冀州起於壺口，過河東的呂梁山和狐岐山，至河內的清漳、濁漳，最後「夾右碣石入于海」，其領域及於今河北（太行山以東）和山西（太行山以西）。但這麼大的範圍內，即使到春秋時代猶戎狄遍佈，可見夏商西周的全中國不能用〈禹貢〉九州來理解。

考諸注疏，〈禹貢〉九州的四至，北邊冀州不含山西中北部及河北北部，雍州不含陝北黃土高原。東邊止於渤海、黃海和東海北端。南邊模糊，揚州的三江難確指，彭蠡在長江北岸，震澤是太湖；荊州的雲夢跨長江南北，最南只及於衡陽。西邊止於梁、雍二州的兩條黑水（異河同名），其地難定，參照文本所敘山川，大概從漢代蜀郡青衣縣以北過武都至隴西、金城，未超過青藏高原前沿地帶。〈禹貢〉孔安國注的四至之內可以算作「原中國」的最大範圍。但後世繪畫的「禹跡圖」都遠遠超出界限，可見隨著帝國的擴大，論者多以當代想像古代。

中國考古學界有一個比較爭議性的課題——商文化過不過長江？現在的考古證據是肯定的；但如果以青銅禮樂器作為中原統治階級文物的指標，即使製法、品類和文飾具有當地特色，比較大宗的出土，江西是新淦大洋洲，湖南集中在寧鄉，皆位於長江以南不遠的地方。[21] 湖南其他地區出土殷代銅器，如華容、石門、岳陽、長沙等地，亦在長江邊；到西周，最南也只到湘江中游的湘潭、湘鄉和衡陽而已，[22] 不超出〈禹貢〉荊州南界衡山之陽。生活在黃河流域的〈禹貢〉作者，勾畫的「原中國」南界，猶見於南宋唐仲友所撰《帝王經世圖譜》的「唐一行山河分野圖」，圖說有云：「南界至衡陽，東循領（嶺）徼達東甌、閩中，以限蠻夷。」[23] 衡陽位於華夏南緣，唐宋仍然有此觀念，而且得到今日考古出土文物證實，孔安國傳述的四至，應該是春秋以前「中國」的範圍。

華夏集團與華夏意識

五千多年前從遼河流域的紅山到錢塘江口的良渚，先後紛紛出現許多古城——古國——古文化，開啟中國歷史的城邦時代，而最早的夏商兩王朝，即是在潼關之東這片「東土」上，作為眾多城邦的共主。第三個王朝周則來自潼關之西，故自稱「西土之人」。

周族本是陝北黃土高原涇水中游的戎狄，發跡後製造族譜，把始祖稷說成是商始祖

---

21 參彭適凡，《江西先秦考古》，南昌：江西高校出版社（1992）；向桃初主編，《寧鄉青銅器》，長沙：岳麓書社（2014）。

22 高至喜，〈「商文化不過長江」辨——從考古發現看湖南的商文化〉，及於〈論湖南出土的西周銅器〉，皆見湖南省博物館編，《湖南出土殷商西周青銅器》，長沙：岳麓書社（2007）。

23 上引《中國古代地圖集》「戰國——元」，No. 121及圖版說明。

契的大哥，其實他們的歷史要到太王遷居渭水中游岐山下的周原才比較清楚。[24] 從太王、王季到文王，祖孫三代戮力經營，攻克稱作混夷的原住民，正如《大雅・緜篇》的誦歌所唱：「混夷駾（突奔）矣，維其喙（困也）矣。」混夷困頓了，急忙奔逃而去。周族於是吸收歸順者，壯大自己的勢力範圍，〈緜篇〉吟唱曰：

予曰有疏附，予曰有先後，予曰有奔奏，予曰有禦侮。

我有遠人來依附，我有前導後衛，有為我奔走的隨從，也有為我抵禦外侮之臣民。到第四代武王於是出關，擊潰當時的共主商王紂，成為東土舊邦的新共主。

在東土古國心目中，周人是外來的征服者，這點周族也心知肚明，於是一方面謙稱自己「小邦周」，訓誡族人要有憂患意識，提防再被革命。另一方面，周人則選東土要衝之地殖民，派出自己的血親和姻戚，建立殖民城邦，如魯、衛是血親，齊是姻戚，共同構成城邦聯盟，奉周王為首。

周人之東進，有一段既艱困又血腥的過程，來自黃土高原涇水中游先祖公劉舊居的豳（邠）地戰士，猛勇兇殘，《豳風・破斧》描述說：「既破我斧，又缺我斨」，砍人的斧頭和大鋤，砍到刃口缺破。然而他們長年在東方征戰，卻也日夜思鄉，於是悲嘆：

我徂東山，慆慆不歸

我東曰歸，我心西悲。（《豳風・東山》）

來到東土的山地，久久不能返歸故鄉；我身在東方，一顆悲哀的心早已跑到西邊。

這是一個別離哀怨的時代，作為東進殖民樞紐據點的衛國，勇武的壯士「為王前驅」，致使家裡的婦人苦守空房，哀嘆道：

24 杜正勝，〈關於先周歷史的新認識〉，《國立臺灣大學歷史學系學報》16期（1991），頁1-45。

自伯之東，首如飛蓬；豈無膏沐，誰適為容！
願言思伯，甘心首疾；願言思伯，使我心痗。（《衛風・伯兮》）

自從阿兄去了東方，我的頭髮就任其散亂如飛蓬；不是沒有潤髮膏梳理，為誰理容啊！一直思念哥哥，痛心疾首；思念哥哥，令我心碎。

被征服的東土人怎樣看待新來的統治者呢？《小雅・大東》道盡他們的不滿與憤懣，這篇詩歌血淚控訴，值得想了解「什麼是中國」的人好好體會。詩的篇幅稍長，我只摘錄幾句供大家欣賞：

有饛（滿滿貌）簋飧（熟食），有捄（曲長也）棘匕（大羹匙）。
周道如砥（磨刀石），其直如矢；君子所履，小人所視。

前兩句講征服者占有農作收成，東土人耕種的糧食多被刮搜，盛滿西土人的大飯碗，提供西土人的濃羹湯；次兩句講被征服的東方人所開築的馳道，讓統治者行走，他們卻只能遠遠地瞻望。

小東大東，杼（梭也）柚（織機之軸）其空，糾糾葛屨，可以履霜。
佻佻（往來貌）公子，行彼周行（音航）。既往既來，使我心疚。

小東指今山東西部鄰近河南地帶，大東指今山東曲阜以東至海濱之地。東土人的紡織機空無布帛，紡織出的好布都穿在西土公子的身上。他們足踏細麻布做的鞋子，厚實得不怕霜凍，在周道上來回遊蕩，使人看在眼裡，痛在心裡。

經濟剝削之外，社會地位也被貶低，東土之人成為二等國民，詩曰：

東人之子，職勞（慰勞也）不來；西人之子，粲粲（鮮盛貌）衣服；
舟（周）人之子，熊羆是裘（熊皮大衣）；私人之子，百僚是試（用也）。

東土人勞役不息，得不到一官半職，西土人則穿著官服盛裝；西土的周王子弟有熊羆皮毛做大衣，連家奴也佔滿官府的位置。

征服者貪求無厭，被壓迫的人民遙望星空無限感慨，連星座也被移情擬人化，成為游閒公子王孫的替身。詩曰：

維天有漢（銀河），監（視也）亦有光。跂（企）彼織女，終日七襄（駕也）。

雖則七襄，不成報章。睆（視也）彼牽牛，不以服箱（車箱）。

天空的銀河看來似乎會發光，織女星踮起腳尖遙望銀河對岸的牛郎星，織女織不出布，牛郎駕不了車。只見星座緩緩移動，從清晨天剛見光的卯時至夜晚暗暝的酉時，織女停了七站（七襄），像織布梭一來一往（報），但織不出任何文樣（章）；對岸的牽牛也不拉車，統治者總是說一套做一套。

維南有箕（星名），不可以簸揚；維北有斗（斗星），不可以挹（酌也）酒漿。

維南有箕，載翕（伸長也）其舌；維北有斗，西柄之揭（舉也）。

西土之人就像南天的箕星，雖名為箕，可不能當簸箕吹揚穀物；他們也像北天的斗星，雖有木勺子之形，卻不能拿來酌引酒漿。不過他們還是少不了幹壞事，像簸箕吐出長舌頭，北斗伸出長勺柄，專門吞噬、撈取我們的資源。

四十幾年前，我研究周人建國的過程，征服、殖民然後封疆建國，提出鉗剪式征服的觀點，成周（洛陽）作為東進大本營，衛（淇縣）是東進補給站，齊（臨淄）魯（曲阜）則成為鉗剪的雙刃。這把大剪刀籠罩東土主要地區，延伸到整個山東半島，當時稱作「大東」，而魯西豫東地帶，周代魯衛之間的地區稱作「小東」。[25]

到西元前十二世紀末，經歷三千多年的東土城邦不是被征服而亡國，就是依附新共主當附庸，幸運的成為征服者的同盟友邦，其中有周人因政治需要而扶植的陳、杞、宋，他們是虞、夏、商之後代，可以當作政治宣傳的樣版；至於死硬派抗拒到底者，自然成

25 杜正勝，〈周代封建的建立：封建與宗法（上篇）〉，《中央研究院歷史語言研究所集刊》50本3分（1979），頁485-550；傅斯年，〈大東小東說〉，《中央研究院歷史語言研究所集刊》2本1分（1930），頁101-109。

為周的敵人，被貶斥為夷狄。而有些古國長久以來過慣自己生活的日子，未加入周族集團者，也被視若夷人，如在魯西，太皞伏羲氏之後的風姓國家，或「大東」南部少皞之後的郯國。

也許拜周公東征之賜，小東、大東是早期周人東進殖民成果最豐碩的地區，衛、齊、魯三點作為核心，西連成周，建立城邦聯盟，由此而向外擴張。周王朝透過朝、覲、會、同各種方式聯結友邦，建立一套政治秩序和統治文化，凝聚群體意識。這群聯盟的城邦主來往多了，遂產生我群認同，成為「我者」互稱「華夏」，於是構成華夏集團，產生出「華夏意識」，傲視於「他者」的諸邦國或蠻夷戎狄。

我群是「華夏」，他群是「非華夏」，產生強烈的敵我意識。華夏集團成為權力的主導，主觀地分判文明與野蠻，把非華夏當作蠻族，甚至是禽獸，春秋時代流傳下來的故事不勝枚舉。《左傳》閔公元年，管仲對齊桓公說：「戎狄豺狼，不可厭也；諸夏親暱，不可棄也。」戎狄性如豺狼，貪求無厭；華夏是親戚，不可拋棄他們。又襄公四年，山戎國君無終子得知晉國欲入侵，乃派遣使臣赴晉，賄賂權臣魏絳虎豹之皮，請代為說項求和，晉君不許。魏絳因為接受賄賂，得到好處，故幫戎人講話，他說：諸侯新服，陳國剛剛離楚陣營來歸附，如果「勞師於戎，而楚伐陳，必弗能救，是棄陳也，諸華必叛。」獲得一個山戎國反而導致華夏同盟的背叛，其不划算很是明顯可見的；何況「戎，禽獸也」，「獲戎失華無乃不可乎？」他接著講述《夏訓》記載后羿喜好田獵而失國的故事。

狩獵標的的禽獸和責罵戎狄為禽獸根本不是一回事，但華夏貴族就能把它們聯在一起。魏絳說：「民有寢廟，獸有茂草，各有攸處，德用（以也）不擾。」人獸各有所歸處，互相不干亂，華夏和戎狄之分隔也如此，后羿卻不明此理，「冒（貪也）于原獸，忘其國恤，而思其麀牡」，太沉迷於與獸為伍了，遂不能恢復夏王朝。戎狄等同原獸，這麼勉強的類比，《左傳》作者給個解釋說：「晉侯好田獵，故魏絳及之」，按照華夏人的邏輯還是可通的。華夏（人）與戎狄（獸）既然這麼不同，晉又何必去征討戎狄呢？晉侯終於同意，魏絳收受山戎國君無終的好處，也算完成了任務。不戰則和，晉侯於是「使魏絳盟諸戎，脩民事田以時。」因為魏絳認為「和戎有五利」，首利是「戎狄荐居，貴貨易土」，晉人以財貨取得土地，把原來的草埔、森林開墾成農田。今山西省的非華夏民族歸順於晉，自然逐漸「華夏化」，秦漢以下，山西便很少再有戎狄的記事，在地者都變成為中國人。山戎這個轉變過程很像臺灣平埔族群之失去土地而邊緣化，同時隨之漢化，最後都變成漢人。

華夏的意涵難考，可能與第一個世襲王朝「夏」有關，至於唐代經典注疏家孔穎達所說，「有禮儀之大，故稱夏；有服章之美，故稱華」，（《左傳》定公十年疏）恐怕是望文生義的詮釋。當周人為天下諸侯之長後，其衣冠文物便成為審美的標準，而典禮儀軌也都占居最高的價值。

華夏集團鄙薄非華夏民族為禽獸，其實出於政治集團之異，當然也含有種族偏見，兩者是互相影響的。凡不加入同盟、不遵守周王規定的秩序、不行周禮者，他們不是稱作戎狄，就是認為蠻夷。這些敵對的戎、狄、蠻、夷，不一定遠在四境之外，反而與華夏諸邦相雜廁。本書製作的「春秋時期華夏集團與蠻夷戎狄分布圖」（圖10），紅字標識華夏，藍字表示蠻夷戎狄，黑字則為介於二者之間，因時而異。原來這些非華夏民族多是歷史悠久的古國，譬如晉建國時與戎狄為鄰，（《左傳》昭公十五年）但唐叔所封之地卻是夏墟，他採行的治理手段是「啟以夏政，疆以戎索」。（《左傳》定公四年）唐叔治下的民族被視為戎人，其實是自夏代以來的古國。所以用夏的統治規範，但因生產方式不同，土地稅收的徵賦則採用戎人的準繩。[26]《史記‧齊世家》說齊之建國，太公欲都營丘，「萊侯來伐，與之爭營丘。營丘邊萊，萊人，夷也。」齊地的萊夷是古國，據春秋齊國賢大夫晏嬰所講的履歷則更清楚：從少皞時代的爽鳩氏始居此地，經夏代的季萴，商代的有逢伯陵，至殷周之際的蒲姑氏，周初武王封給太公望，其實是讓他的姻親來征服古國之裔，進行殖民。（《左傳》昭公二十年）魯國鄰近也有淮夷、徐戎，《尚書》還保留一篇伯禽出征前的誓師文誥〈費誓〉。淮、徐是地域，不是國名，也不是族名，包含很多城邦。《左傳》提到今山東西部，魯國周邊的任、宿、須句、顓臾等風姓古國，都是太皞的後代，（僖公二十一年）比齊的爽鳩氏還古老。新舊史料都說風姓是夷人，新史料如近年出土的晉侯穌編鐘，銘文記述周厲王三十三年親征東國，令晉侯穌伐夙

---

26 參杜正勝，〈西周封建的特質——兼論夏政商政與戎索周索〉，《食貨月刊》9卷5/6合期（1979）；杜正勝，《古代社會與國家》，臺北：允晨文化出版（1992），頁492-495。

夷，「夙」即「宿」。[27] 舊史料如《古本竹書紀年》記載：夏朝的第五代君王「相」（少康的父親）征伐風夷，後來第十代君王「泄」冊命風夷。風夷是指風姓的夷人。

從晉、齊、魯的建國史，可見華夏與夷狄的區分，主要繫於有沒有參加當權派的會盟集團，南方的楚國即是明顯的例證。且不說屈原自述「帝高陽之苗裔」可不可信（《離騷》），也不說周王廷史官史伯舉證的祝融之後被夏、商、

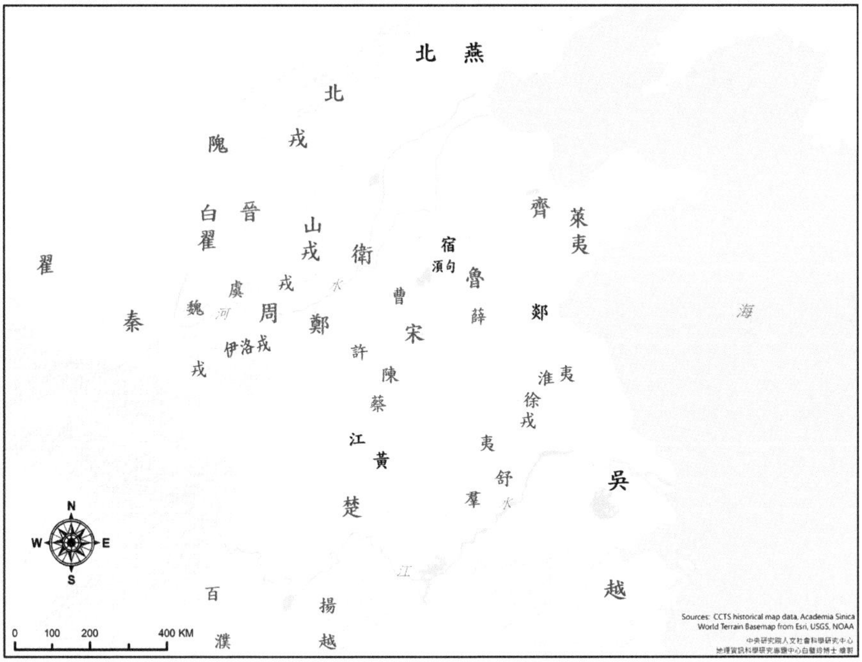

圖 10　華夏集團與蠻夷戎狄分布圖

圖11　人物御龍帛畫，戰國中期，長沙子彈庫楚墓

圖12　龍鳳虎紋繡羅單衣（局部）

27　參馬承源，〈晉侯穌編鐘〉，《上海博物館集刊》7期（1996）。

周翦滅（《國語・鄭語》），單看《楚辭》的文學造詣和考古出土銅器的科技或其他的藝術成就〔圖11〕〔圖12〕，楚人怎麼樣也不算是文化低落的野蠻人，然而長期以來被黃河流域的華夏集團蠻夷視之，孟軻那句「南蠻鴂舌之人」（《孟子・滕文公上》）不也是把楚人當作禽獸？難怪周夷王時王室式微，楚君熊渠就霸氣地說：「我，蠻夷也，不與中國之號謚」（《史記・楚世家》），宣告楚人的主體性，有獨特的文明，值得驕傲，不奉行華夏集團那套統治禮儀。

周民族強盛時，周王制定政治秩序，揭示文化規範，他領導的同盟集團固然遵奉，也用來衡量不屬於集團的邦國，孔子稱這是「天下有道」的時代，因為「禮樂征伐自天子出。」（《論語・季氏篇》）周王不但控制軍事與政治，也掌管文化和倫理。實際狀況則是禮樂建立在征伐之上，有軍政實力的人提倡的文化和倫理就是「禮」與「理」，沒有實力則免談；周王有實力時，實行的禮樂就是行王之道，叫做「王道」。但西周覆亡，周室東遷，周王不再具備實力，諸侯互爭，「天下無道」了，於是「禮樂征伐自諸侯出」，（同上）精確地說是最強大的諸侯「霸主」橫空而出，這時的軍政文化由霸主來主導，便叫做「霸道」。春秋時代維持天下秩序和文化倫理的盟主，齊晉先後各領風騷，伐戎抗楚，扶助衰弱的華夏城邦。不過，這時霸主國家只能在軍政方面發揮作用，西周王朝的文化遺產則多在周王近親的魯、衛還可以找尋。孔子說：「齊一變至於魯，魯一變至於道。」（《論語・雍也篇》），「道」就是指王道。又說：「魯衛之政，兄弟也。」（《論語・子路篇》），一般注解都說兩國同樣貴族當政攬權，不過孔子周遊列國十三年，絕大部分時間都留寓於衛，我想魯衛之為兄弟，不只是政治，還有社會文化的層面吧。難怪晉國韓宣子出使魯國，參觀大史氏的藏書，見《易象》與《魯春秋》，而感嘆「周禮盡在魯矣。」（《左傳》昭公二年）

文化既然寄生於政治，實力居二三流的魯、衛所傳承的文化遂亦淪為古董，華夏集團意識遂隨之轉變，「中國意識」於焉誕生。

中國意識的形成

「中國」一詞，春秋以前文獻罕見，即使出現了，並不具備如〈禹貢〉九州之意義；九州意涵的「中國」，倒可以從春秋的「華夏」找到源頭。換句話說，春秋的「華夏」，進入戰國就多改稱「中國」了。

作為華夏集團的「中國」，最早見於《左傳》。西元前五八四年，吳伐郯，郯求和，魯國執政季文子慨嘆道：

中國不振旅，蠻夷入伐，而莫之或恤（救助也）。（成公七年）

華夏集團衰落，致使南方新興的吳國侵略已經加入華夏的郯國，最為華夏集團重要成員的魯國卻無力救助。不過，季文子不稱「華夏」而說「中國」。他的語言是不是實錄，不得而知，考慮到此時已進入春秋後期，恐怕亦不無可能。

當時周的鄰近地區存在許多戎狄，周王使詹桓伯責備霸主晉國說：「戎有中國，誰之咎？」（昭公九年）戎人占有中國之地，你做霸主難道沒有責任嗎？這是季文子之後半個世紀，周王室大臣用了「中國」一詞。《左傳》還有一則，年代卻比季文子早五十年，西元前六三五年，晉文公圍陽樊，圍城內的蒼葛抗議說：

> 德以柔中國，刑以威四夷，宜吾不敢服也。此，誰非王之親姻，其俘之也？（僖公二十五年）

華夏集團對待「中國」諸侯要以德柔懷之，對待四夷才動用最高刑罰的兵威；陽樊貴族不是周王的血親就是姻戚，自然屬於華夏集團。蒼葛譴責晉文公，你是霸主，卻反其道而行，我們不服是正當的。這裡誰人不是周王的血親或姻戚，可以如對待戎夷般地俘虜他們嗎？

這事件《國語・晉語四》同樣有記載，亦曰陽人「皆王之父兄甥舅」，卻沒有「中國」「四夷」之對比，不能不令人懷疑《左傳》這段對話恐非實錄。春秋前期應該尚未出現與四夷對稱的「中國」，至於更早三十多年，《春秋》曰：「齊侯來獻戎捷」（莊公三十一年），《左傳》評論說：「非禮也。凡諸侯有四夷之功則獻于王，王以警于夷；中國則否，諸侯不相遺俘。」華夏俘虜四夷，要向周天子獻功，華夏諸侯間的戰俘不可以獻。這句話是左丘明的評論，已晚到春秋末或戰國初，「中國」有可能逐漸取代「華夏」了。

幾十年後，魯國縣子說：「今之大夫交政於中國」，也是同樣的意指。故事見於《禮記・檀弓上篇》，齊國陳莊子死，訃聞於魯，繆公問該不該哭弔？縣子說：「古之大夫束脩之問不出竟（境），雖欲哭之，安得而哭之？今之大夫交政於中國，雖欲勿哭，焉得而弗哭。」早先大夫未專權，交往不出國境，都在各邦的境內，雖欲哭弔外國，如何得行？現在君弱臣強，大夫專盟，多與他國往來外交事務，即使不想去哭弔，如何使得？交政的「中國」即是華夏諸邦的總稱。縣子指出陳莊子既然與魯國多有交通，繆公焉能不去哭弔。

當然，語詞之出現與否，不一定符合歷史實情，譬如春秋晚期指標人物孔子的言行記錄，最可信的《論語》未見有「中國」一詞，也未見有「華夏」。孔子即使沒說過「中國」，但不可能沒說「華夏」，他的言行見於其他史料者則講到「夏」和「華」。魯定公十年（西元前五百年）的夾谷之會，《左傳》記載他指斥齊景公「使萊人以兵劫魯侯」的陰謀，憑藉的道理是：

裔不謀夏，夷不亂華。（定公十年）

裔是四裔，即四夷。孔子說的這句話很可能是大家都接受的概念，類似於後世的成語，以「華夏」作為夷狄的相對概念，而不說「中國」，春秋末期之前的確如此。《論語・八佾篇》：「夷狄之有君，不如諸夏之亡也。」這是孔子的話，說「諸夏」而非「中國」。倒是《穀梁傳》詮釋《春秋》桓公二年「取郜大鼎于宋」，鼎是郜國之鼎，魯從宋國取得，穀梁赤引述孔子曰：「名從主人，物從中國。」此「中國」乃指華夏集團的宋；孔子晚年已經接近戰國時代，他如果使用「中國」一詞，亦不無可能。

三傳解經，《左傳》透過記事展現孔子作《春秋》的用意，故可能引用當代史料，《公羊》《穀梁》二傳則詮釋所謂的「微言大義」，寫作方式如老師教學的問答，遂多戰國當代的語彙。雖然經文多是春秋的人與事，使用戰國語言的《公羊》、《穀梁》自然不見「華夏」，反而都用了「中國」。

《公羊傳》出現的「中國」不勝枚舉，不但指中原華夏集團的地域，也有相對於戎狄的民族意涵，最有名的例證莫過於贊美齊桓公召陵之盟，迫使楚國屈服，不敢北進。《公羊傳》說：

楚，有王則後服，無王則先叛，夷狄也，而亟病中國。南夷與北狄交，中國不絕若線，桓公救中國而攘夷狄，卒帖（服）荊。（僖公四年）

南方的夷和北方的狄交相攻擊夾在其間的中國，地理位置明顯指中原，也就是華夏，所以這裡的「中國」即指華夏集團。中原小國汲汲可危，幾乎像快斷的線，幸好齊桓公出來拯救他們，抵擋住夷狄的進逼，並且抑止荊楚北上，使楚國屈服。此前兩年，《春秋》曰：「齊侯、宋公、江人、黃人盟于貫」，《公羊傳》解釋：江、黃是遠國之辭，「中國」獨指齊、宋。按，江、黃皆嬴姓，在今河南正陽縣、潢川縣，鄰近淮水，地近大別山。[28]公羊家認為江、黃兩國遠離中原，即使參加華夏集團的盟會，仍然不能算是「中國」，可見「中國」的空間範圍限於黃河流域。

《公羊》的「中國」詞例，如僖公二十一年「不與夷狄之執中國」，不與即不許，不承認之意，中國指宋國；襄公二年為「中國諱」的中國則指鄭國，或如襄公八年指晉領導下的諸侯；而昭公二十三年「不與夷狄之主中國」的中國，是指位於今河南的蔡、陳、許和頓、胡、沈等三、四流小國，都屬於黃河流域的華夏集團。所以戰國的公羊高所講「中國」，要從整體記事去理解，不能一概而論。

意指華夏集團之「中國」，這個詞彙春秋末年的孔子是否說過，尚難確證，不過戰國中期的孟軻卻說得很順口自然，從他批評許行的話語可知。農家許行自楚國前往滕國，說服滕君實行他的君民並耕論。自宋國赴滕的陳相聽聞許行學說，非常佩服，也有同感，乃背棄其師陳良，改投許行門下。當時在滕國的孟軻指責陳相說：

吾聞用夏變夷者，未聞變於夷者也。陳良，楚產也，悅周公仲尼之道，北學於中國，北方之學者未能或之先也。（《孟子・滕文公篇》）

相對於楚之為「夷」，北方學者就是「夏」，也是「中國」。孟軻的「中國」意涵，地理在北方（黃河流域），族類是華夏，文化則是周公制定、孔子講述的政治社會規範，

28 參陳槃，《春秋大事表列國爵姓及存滅表譔異（增訂本）》，臺北：中央研究院歷史語言研究所（1969），第三冊，頁286-287, 216-217。

所謂「周公、仲尼之道」也，即是儒家經典所代表的周文化。

孟老夫子的民族文化意識非常強烈，只可夏改變夷，不能容忍夏變成夷。許行之所以被孟軻排除在「中國人」之外，除了出生於楚國，還因為他主張君民並耕而食，致使國君無暇於「教以人倫」，不能用心於「父子有親，君臣有義，夫婦有別，長幼有序，朋友有信」之周道（《孟子・滕文公篇》），勢必淪為蠻夷。可見到戰國中期，按照孟軻的定義，地理、民族和文化三者合一，才符合華夏集團的條件，所在地的北方（或中原）反而不再是必要條件，如陳良是楚人，因奉行周道，在他心目中便不再是夷人，倒可以算作「中國人」。

孟軻代表北人之定義「中國」，南人觀點又如何呢？《莊子・田子方篇》說，溫伯雪子赴齊，路過魯國，在魯居停，有魯人要求見他，他不想接見，說：「吾聞中國之君子明乎禮義而陋於知人心，吾不欲見也。」莊周學派之定義「中國」也很清楚，地理在黃河流域，文化上則知外不知內，只講禮貌而不理解人心的奧祕。學派儘管不同，但對於「中國」的認定則相近。

另外一個例子也可以證明我們的論斷，雖然故事情境和孟軻之批評許行、陳相完全相反，見《孟子・告子篇》記載孟軻對白圭關於財稅主張的論辯。孟軻為滕君規畫「野，九一而助，國中什一使自賦」（〈滕文公篇〉），鄉下（野）人的稅賦行助耕法，占九分之一的勞動力，城裡（國）人則繳交自己所得的十分之一，城裡城外大體都是什一之稅；但白圭在魏國推行的稅法則「欲二十而取一」，相對於傳統的什一，減稅一半。白圭稅法按說非常體恤人民，號稱替人民發聲的儒家理該贊同才是，但孟老夫子批評他「貉道」，差不多也是禽獸的意思，怎麼說呢？

孟軻所持的理由是：北方貉族，「無城郭宮室宗廟祭祀之禮，無諸侯幣帛饔飧，無百官有司」，總之，沒有周文化的統治秩序和禮儀規範，統治者生活起居不講究隆重的排場，花用減少，貴族沒有交際往來的浪費，而且也不用那麼多官僚，節省薪資開銷，「故二十取一而足也。」經費的確省下來，但孟軻認為作為國家更重要的禮樂文化卻丟掉了。白圭是魏國名流，「今居中國，去人倫，無君子，如之何其可也？」去人倫則社會無規範，無君子這層統治階級則政治失序，可見不實行華夏集團的周道，即使中原華夏的老店魏國也不能算「中國」。正如他對付許行學說抬出堯、舜、皐陶、禹和后稷，批評白圭也說：輕於堯舜之道是大貉小貉，重於堯舜之道是大桀小桀，所以孟子的「中國意識」又從周道上溯到堯舜，早就鋪陳了後世儒家賣力宣揚的道統。這場辯論人缺席的批判只聽到孟軻一人說，未見白圭的反駁，幸好我們的重點不在財稅輕重，只想看看「中國」在當時的用法而已。

戰國儒家講論傳統制度文化，可是卻很少用比較古老的「華夏」一語。中期的孟軻只偶而用過「夏」這個詞彙，晚期的荀卿倒有幾例，但也不算多。《荀子・儒效篇》說：「都國之民安習其服，居楚而楚，居越而越，居夏而夏」，楚、越、夏的服飾不同，可見當時文化的多元性還是存在，也經荀卿認可的。這裡的「夏」大約相當於中原為主的黃河流域，沿襲了春秋華夏或諸夏觀念。〈正論篇〉說：「古者天子……令行於諸夏之國，謂之王」，即在講述周王為首的華夏集團的往事。所以同篇說：「諸夏之國同服同儀」，蠻夷戎狄之國同服不同制。華夏集團因為上頭有國君，故政治秩序和禮儀文化統一，四裔只穿戴諸夏具有禮儀意義的衣冠，以示臣服，但仍維持他們各別的習俗。

時代在變，語言也在變，以前的「華夏」，到戰國時代都逐漸被「中國」取代了，即使述古的儒家也難以保留古語，因為意涵內容不同了，非採用新詞彙不可。

荀卿使用「中國」一詞，涵蓋的地域廣狹不同，小者甚至只限於所謂中心地帶的中原，周邊的齊桓、晉文、楚莊、吳闔閭、越句踐諸霸主，「皆僻陋之國也，威動天下，彊殆中國。」（〈王霸篇〉）齊、晉、楚、吳、越強大而可能威脅到的「中國」，當是指中原宋、陳等二、三流以下的華夏城邦。這是一層意涵。其次如〈彊國篇〉盛讚秦逼迫楚國遷都陳、蔡之間，「威彊乎湯武」，秦國之威力勝過成湯、周武王，占有楚都郢地一帶，也吞噬韓、趙、魏大片土地，「威動海內，彊殆中國」，其開疆拓土，「廣大乎舜禹」。這裡的「中國」應是秦以外的六國，比中原或諸夏大得多。這是第二層意涵。

第三層，荀卿使用的最大範圍「中國」，見於〈王制篇〉，把它和北南東西四海相對。他說：

> 北海則有走馬吠犬焉，然而中國得而畜使之；南海則有羽翮、齒革、曾青、丹干焉，然而中國得而財之；東海則有紫紶蚌蛤魚鹽焉，然而中國得而衣食之；

西海則有皮革、文旄焉，然而中國得而用之。

參照唐朝楊倞的注釋，北海有善跑的駿馬和大犬，南海出產大鳥麗羽、象牙犀牛皮革、可供繪畫以及化黃金的銅（曾青）、丹砂，東海有紫貝、蚌蛤、魚、鹽，西海則出熊羆狐狸織皮、染有文綵的旄牛尾，遠地奇珍異物都向「中國」輸送進貢。

中國人所謂的「四海」，概念多於實證。漢代以前，中國人真正看到的海可能只有東海和南海，北、西二海頂多只是傳聞而已，總之都非「中國」所及之地區，所以這些奇珍異物毋寧是貢，非中國的賦稅。大概在秦統一前夕，約西元前三世紀後半，後世相對於四裔的「中國」意涵已經從這位當代大儒的口中透露出來了，但其邊界很難確定。

《墨子》一書未見春秋的「華夏」、「諸夏」或「夏」、「華」諸詞或字，墨翟活動時間雖在春秋末到戰國初，因為不是儒家學派，故無孟軻、荀卿的包袱，其後學更不在話下。不過，墨翟使用的「中國」有廣狹二義，〈親士篇〉說：「越王句踐遇吳王之醜（恥也），而尚攝（懾）中國之賢君」；越雖然曾經被吳打敗，然而還足以威懾「中國」，此中國當然指華夏集團。第二層意涵的「中國」也是相對於四裔的廣大地域，〈節葬下篇〉論埋葬禮俗，「厚葬久喪，……中國之君子為而不已」。墨翟反對中國統治階級風行的厚葬，特舉三個域外例證來批判。他說，越之東的輆沭國，解食初生的長子，祖父死則背負祖母丟棄山野；楚之南的炎人國，長輩死，朽其肉而埋其骨；秦之西的儀渠國，長輩死，聚柴薪而焚之：然而每個國家都認為他們唯有如此才成為孝子，於是他問道：

若以此若三國者觀之，則亦猶薄（當作「厚」）矣；若以中國之君子觀之，則亦猶厚（當作「薄」）矣。

薄、厚二字我從文義推斷，是顛倒了。三國的葬俗，他們雖然認為已夠厚重的了，但從中國上層階級來看，卻太單薄。所以他接著說：

如彼則大厚，如此則大薄。

彼是三國，此是中國。那三國都認為他們的葬禮已夠隆重，稱得上孝了，根據遙遠民族的習俗，以論證他主張的「葬埋有節」。

從墨翟的語言，我們看到他的「中國」相對於越東、楚南、秦西的國家，但卻包含春秋時代不屬華夏集團的越、楚和秦，而區隔於秦漢以後的四裔，等同荀卿最廣義的「中國」。這種「中國意識」不是什麼思想家或意見領袖的創發，或政令的推動，毋寧是政治社會發展的結果，反映於日常言論，成為新的語彙，也形成新的概念或意識。

中國本部的奠定

中國的形成，歷史實境不限於語詞而已，不能只搜集字詞就立論，要從複雜的歷史軌迹去追尋。此一漫長歷史進程，且先從孔子與學生一段對話說起。

孔子晚年自衛返魯，專事著述，被尊為國老，魯有重大政策往往會諮詢他的意見；而他早年的學生，子路和冉有也甚得第一執政季康子的信任，權傾一時。

《論語・季氏篇》記載，季氏將伐顓臾，派遣這兩位家臣來徵詢孔子。顓臾是風姓小城邦，歷史淵遠流長，上文說過，其祖先可以追溯到始畫八卦的太皞伏羲氏。西周時代，周王命這個國家負責東蒙山的祭祀，「在〔魯〕邦域之中，是社稷之臣也」，成為周的附庸國，所以孔子反對把她消滅。冉有辯解說：顓臾城池堅固又鄰近季氏的封邑費，「今不取，後世必為子孫憂。」可見政策早已決定，徵詢國老不過是禮貌的形式而已，即使孔老夫子發了一頓牢騷，說什麼「遠人不服則脩文德以來之」，終究無濟於事。《論語》雖然沒有交待結局，從大勢推斷，顓臾應該被季氏吞併了。孔子的政治理念可能真的想「興滅國，繼絕世」（《論語・堯曰篇》），維持周天子領導下的眾邦，然而時不我予，城邦時代終於走到尾聲。

我以這個小故事來說明城邦淪亡的一般模式。其實城邦之滅亡大概從開始以來就不斷發生，早期城邦林立，司馬遷說，黃帝時「萬國和」（《史記・五帝本紀》），萬國謂城邦甚多，不一定是實際數量。孔子的晚輩魯大夫子服景伯也說：「禹合諸侯於塗山，執玉帛者萬國」，但據他的見證，到春秋晚期，「其存者無數十焉」（《左傳》哀公七年），這是子服景伯反對季康子伐邾而發的議論，比孔子反對伐顓臾早五年左右。邾的下落，後世說法紛歧，有的說為魯所滅，有的說改稱鄒，戰國時被楚併吞。[29]

魯「邦域之中」的顓臾或其鄰近的邾，都是到孔子晚年猶幸存的城邦。中國這塊土地上，自從有城邦，大概小城邦之滅亡便成為必然的趨勢，只是滅亡時間有先後而已。於是夏王朝的萬國至春秋末年，只剩下不到幾十國，中間隔著武王第一次伐紂，「諸侯叛殷會周者八百」（《史記・殷本紀》），加上未叛殷之邦國，當時天下可能有一千多國。由此可以略窺城邦併吞的過程，換言之，後代的大城邦是消滅古來小城邦，進而兼併的結果，最後出現了統一的中國——秦帝國。

近人陳槃根據清朝顧棟高《春秋大事表》，春秋時代的兩百零九國，考證其爵姓、地域及存滅。他又考證出不見於《春秋大事表》的方國有五十七個；另外還有疑似為國者有十九個，三類合計共兩百八十五國。這是見於文獻記載之春秋邦國，不過，司馬遷的《史記》春秋年表，只舉十二諸侯而已，即當時的大國，雖然彼此之間仍有強弱大小的差別。

這裡無法一一考證《史記》所列春秋的十二諸侯如何吞併小國，只要指出「中國」形成的趨勢。春秋時代地處中原的華夏諸邦，即使實力屬於二、三流者，猶不乏消滅古國的記載；那些中原周邊的齊、晉、楚、秦等一流大國，疆域之所以廣袤，更是吞併邦域內或鄰近城邦的結果，當然也包含尚未成為國家的部落，前文所論山戎無終之於晉即是一例。進入戰國時代，今河南、山西、山東、安徽、湖北的小國紛紛被併入三晉、齊、楚，而陝北的戎翟也為秦所滅。以「邦」而不是以「城」為主體的領域意識逐漸確立，或即日本東洋史家宮崎市定所謂介於「都市國家」（城邦）與帝國之間的「領土國家」，[30]於是形成秦人、楚人、魏人、趙人、燕人等概念。中原周邊的強國亦不斷深化其有效統治地域，原來以華夏集團作為基盤的「中國」範圍，隨著列強的開疆拓土而擴大，包含南方的楚、西方的秦、北方的晉和燕，邊界超出〈禹貢〉的九州，而出現《周

29 陳槃，《春秋大事表列國爵姓及存滅表譔異（增訂本）》；《不見于春秋大事表之春秋方國稿》，第壹柒條「郱」，臺北：中央研究院歷史語言研究所（1970），頁131下-135下。

30 宮崎市定，〈中國上代は封建制か都市國家か〉，《史林》33卷2號（1950）；〈支那城郭の起源異說〉，《歷史と地理》32卷3號（1933）。

禮・職方氏》的九州。

〈職方氏〉辨九州之國，東南曰揚州，正南曰荊州，河南曰豫州，正東曰青州，河東曰兗州，正西曰雍州，東北曰幽州，河內曰冀州，正北曰并州。〈禹貢〉的梁州一部分併入雍州，另一部分入荊州，徐州併入青州，顯示戰國時代，秦、楚、齊在今陝西、四川、湖北和山東等地分別進行的整合。而〈職方氏〉從冀州分出幽、并二州，則見趙、燕二國在北方的開拓遠遠超出〈禹貢〉的範圍。揚州也向東南延伸至今日的浙東，當是納入夏禹王在會稽的傳說。[31]

唐賈公彥詮釋〈職方氏〉的九州，由中原往外畫三圈，總為三道：

河南豫州為一道，

正東青州、河東兗州、正西雍州、東南揚州和正南荊州為二道，

東北幽州、河內冀州、正北并州為三道。

按，賈公彥的疏解把河內冀州和東北幽州、正北并州合為第「三道」，疑誤。因為他在同篇的注疏說，冀州偏北之地已分給幽、并兩州，冀州的南部河內接近豫州，應該同屬第一道才合理。

三道之州各有聖山，謂之山鎮，好像列國各自有中心一樣。第一道豫州，山鎮是華山，包括關中東部及今河南省，是九州的中心地區，即所謂的中原；第二道，中原周邊地帶，東邊青州和兗州，包含今河南東部及山東省，山鎮是沂山與泰山，西邊雍州的山鎮是嶽山，即汧西的吳嶽（鄭玄注），跨入隴東。第三道，幽州山鎮曰醫無閭山，在遼東；并州山鎮曰恒山，在晉北。第三道成為戰國時代「中國」的邊界，界外即：燕國長城外的東胡，東北的穢、發、高夷與肅慎，燕、趙、秦三國之北的匈奴，秦西疆河洮之

31《周禮．職方氏》賈公彥疏曰：「〈夏本紀〉太史公或言禹會諸侯於江南，計功而崩，因葬焉，命曰會稽。會稽者，會計也。《皇覽》曰：禹冢在山陰會稽山，本苗山縣南七里。《越傳》曰：禹到越，望苗山，會諸侯，爵有德，封有功者，更名曰會稽山。……《呂氏春秋》云：禹葬會稽，不煩徒。《墨子》曰：禹葬會稽，衣衾三領，桐棺三寸。」

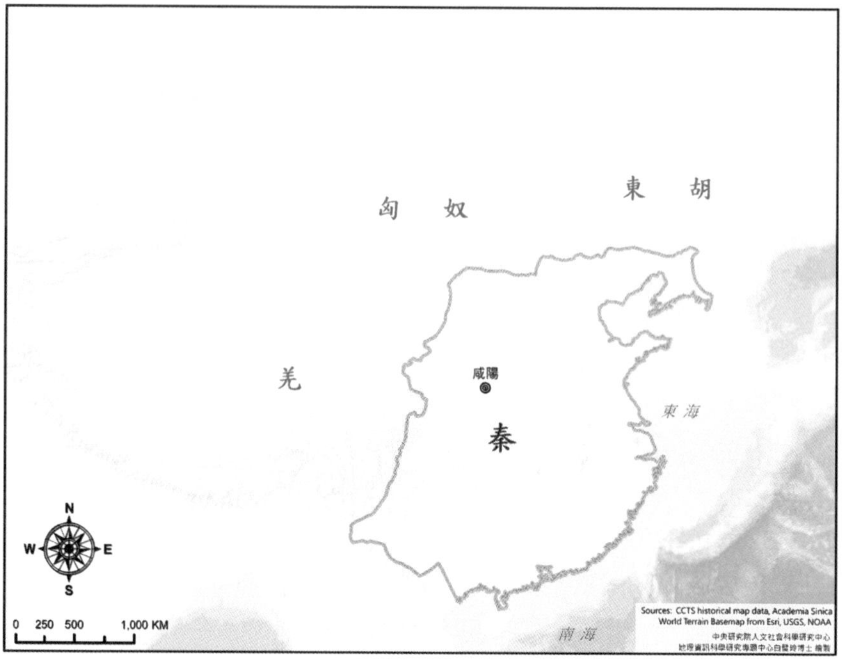

圖 13　秦疆域地圖

外的月氏、烏孫、析支，巴蜀之南的西南夷，楚之西、南的九夷、百濮，以及越之南的東越、揚越、駱越，都屬於蠻夷戎狄。[32] 這些第三道以外的部族或國家，和上文徵引《墨子・節葬下篇》秦之西、楚之南、越之東的國家符合，對立於「中國」，後世「四裔」的觀念於是出現。

秦統一六國後，「中國」的範圍東止於海，西界仍如〈禹貢〉和〈職方氏〉之隴西為限，但南北則比戰國有所擴張。秦始皇三十六年（西元前二一一），略取嶺南地，設桂林、象和南海三郡，止於今廣東和廣西，並不包括今貴州和雲南的夜郎、邛都、昆明。譚其驤主編的《中國歷史地圖集》第二冊，「秦版圖」包括夜郎等地，理由是曾「置吏」，[33]然據《漢書・地理志》，西南夷地區秦尚未置郡縣，不是秦的統治區。至於秦帝國的北方，「自榆中並河以東，屬之陰山，以為四十四縣」；又渡黃河，築亭障，設縣，（《史記・秦始皇本紀》）從陝北延伸到河套。這樣的東西南北之內範圍便是秦帝國的版圖（圖13），也是傳統中國人所認定的「中國」。

版圖，《周禮》鄭玄注說：「版，戶籍；圖，地圖。」（〈小宰〉）官府登記治下家戶的人口名籍叫做「版」，山川、道路、城邑、村落的地圖叫做「圖」。《漢書・地理志》所載帝國治下的郡國，皆記錄其戶數、口數和轄縣名稱（以後正史地理志的體例皆仿此），合稱「版圖」。中央政府透過郡縣體系設官治民，掌控全國土地和人民兩大資源，

32 參譚其驤，〈簡明中國歷史地圖集〉「戰國時期圖說」，《譚其驤全集》，第二卷，頁509。
33 上引文，《譚其驤全集》，第二卷，頁512。

構成統治的基礎，即是我說的「編戶齊民」。戰國兩百多年間，諸大國已紛紛編戶齊民化，秦滅六國，順勢接收，後雖一度有人主張恢復殷周封建制，但經廷議論辯，不具說服力，被駁回。自此之後，編戶齊民成為帝國政治社會結構的基礎，支撐帝制兩千年，至今依然存在。

從長遠的歷史看，秦漢以下至清初，將近一千八、九百年間，中國政權實際有效統治的區域大抵不出秦的版圖；由於女真入關，愛新覺羅氏代朱明而建立大清國，中國的範圍才產生大幅的改變。東北的滿洲加入了，康熙征服外蒙古和北疆準噶爾部；雍正對西南改土歸流，納入實際統治；乾隆征服南疆回部，於是誕生了「新疆」，對大藏地區的控制也愈趨緊密。經過清初康雍乾祖孫三代的經營，中國疆土擴大三倍，但政、經、社會、文化的重心還是在秦版圖範圍內，故曰中國本部。

中國人喜歡自稱「漢」，但西方人則多以「秦」稱之。西方多種語文之「中國」，多和拉丁文的 Sina（秦）相關，法文 Chine、英文 China、伊朗 Sina 等皆源自於 Sina；梵文 Cīna 也是秦，佛經譯作「震旦」或「支那」，即來自梵文 Cīna。百餘年前法國東方學家伯希和（Paul Pelliot）已提出這個觀點，[34]《馬可波羅行紀》關於南中國海諸島也說：「此類島嶼所處之海，名稱秦（Cin, Cim）海，猶言接觸蠻子地方之海也。蓋此類島民語言稱蠻子曰秦，故以名之。」[35]這裡的「蠻子」是指南宋治下的中國人，不是北方的胡人或蒙古人。在那個多國多民族並存於中土的遼金蒙元時期，黃河流域金朝治下的中國人，文獻稱作「漢人」；淮水以南在南宋治下者稱「南人」，然而按照中國正統史觀，他們才是純正的中國人（參《行紀》第三卷第一六〇章）。但馬可波羅可能隨著蒙古人稱南方純中國人為「蠻子」，而南海島嶼則稱作「秦人」，蓋與印度、波斯和歐洲歷來之稱「中國」為「秦」都是一脈相承的。實際上清朝以前，中國主要範圍不出秦的疆域，這種稱法毋寧更合理。反而中國本部內，因為受到漢代污名化前朝的影響，兩千年來諱言「秦」，凡與秦有關的人事物都帶有負面的意味，中國人避之唯恐不及。

34 參看伯希和，〈支那名稱之起源〉（1912），收入伯希和等著，馮承鈞譯，《西域南海史地考證譯叢》，上海：商務印書館（1934），臺北：臺灣商務印書館（1962）。
35 A. J. H. Charignon注，馮承鈞譯，《馬可波羅行紀》，上海：商務印書館（1936），頁635。

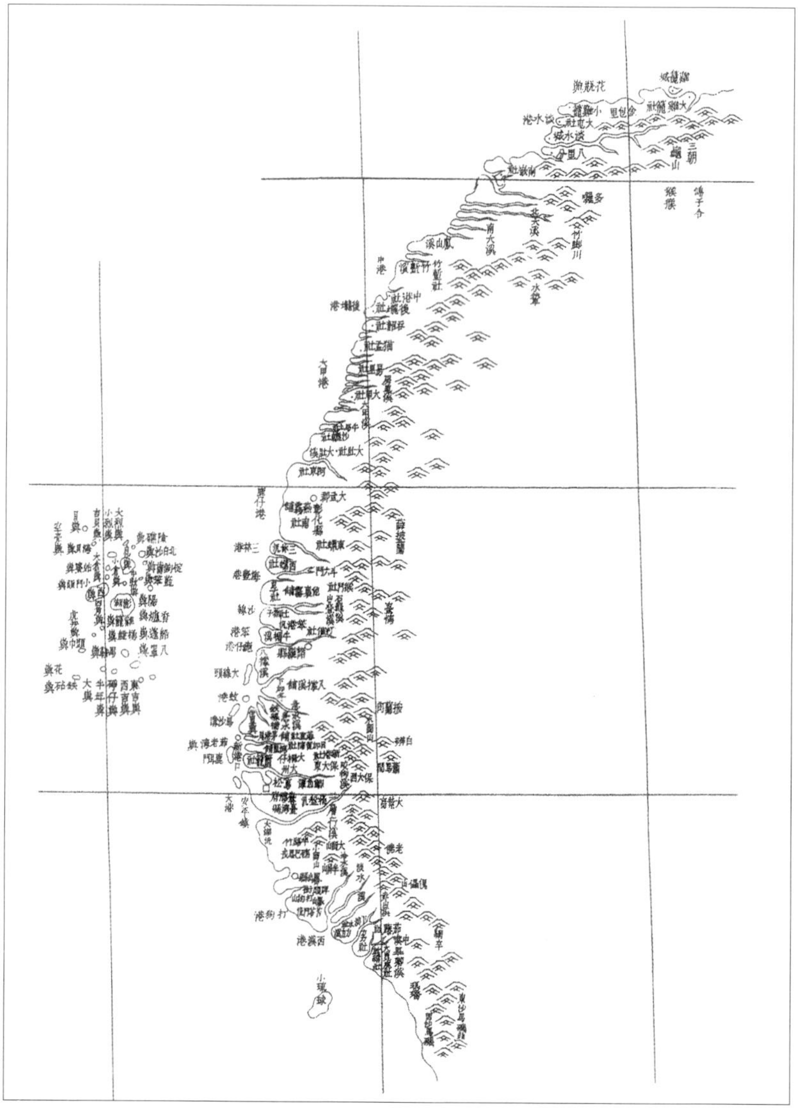

圖 14　清領臺灣地圖

有人也許會問，漢、唐的西域，明代的東北，不算中國版圖嗎？考察歷史，這些地區只能算是中國的勢力範圍，非直接實際統治的中國本部。這個問題留待下章討論中國擴張才來解答。

我要提醒讀者一點的，即使只在秦範圍內的歷代疆域圖，也不表示王朝對其疆域內的各地區都能實際有效統治。譬如清代疆域包含臺灣，歷史地圖也把整個臺灣島畫進去，但清朝大部分時間只統治臺灣西部而已，十九世紀初才進入宜蘭地區，這是大家都熟悉的歷史。倒是康熙五十三年（一七一四）派耶穌會士雷孝思（Jean-Baptiste Régis）、馮秉正（Joseph-François-Marie-Anne de Moyriac de Mailla）和德瑪諾（Romain Hinderer）三人來臺實測繪製地圖[36]，畫出的臺灣疆域便只限西半部，這種地圖才是真實的版圖，遠比近代繪製的清代臺灣符合史實，我曾利用《乾隆內府輿圖》臺灣部分拼接出「清領臺灣地圖」〔圖14〕，類似的疆域範圍亦見於法國 d'Anville 改繪之臺灣地圖和《古今圖

36 方豪，〈康熙五十三年測繪台灣地圖考〉，收入《方豪六十自訂稿》，臺北：台灣學生書局（1969），頁557-604.

書集成》之臺灣府疆域圖。

對於所謂中國歷代王朝疆域，即使本部範圍，也要抱持這種態度，華南地區需如此，至於西南的廣西、貴州、雲南更不必說。這觀點，讀過本書下文討論的「如何變成中國人」，就更加明白。但由於千年來的社會變遷，史料湮沒，後世不易考察，現代中國人才會老覺得「中國」自古以來就無比的地大物博。

第3章

「中國」的擴張

擴張有多種模式，不限於疆土的開拓，勢力範圍也是另一種形式，古來一向就如此。版圖具有主權意義，今天很多國家都非常在意，尤其中國人，深怕觸犯政治禁忌，致使歷史學者論及歷代疆域常為所困，出現高度緊張。我們呼籲中國學者討論「中國」的擴張，大可本於古典時代以降的看法，考察不同時期中國政權在有效統治和勢力影響地區的治理或其對待方式，這樣才能反映史實。

五服制與「中國」內外

「中國」擴張的模式，最遲可能在三千年前的西周已經成形，至少已產生一套完整的論述。史載周穆王將征犬戎，祭公謀父反對，勸諫他不該耀武揚威，於是述說先王的五服制度：

> 邦內甸服，邦外侯服，侯、衛賓服，蠻、夷要服，戎、狄荒服。甸服者祭，侯服者祀，賓服者享，要服者貢，荒服者王。（《國語・周語上》）

甸指周王邦畿，周國疆域之外是侯、賓、要、荒之服，係依封建爵稱和民族而分區類。服者，韋昭注云：「服其職業」，即是應該負擔的義務，鄭玄注《周禮・職方氏》直言「服事天子」則更明白。祭公謀父說的服事，包含祭、祀、享、貢、王等不同名稱，前三種獻祭，貢是進貢異物，王則奉周為王，以示歸順。這五種服可以大分為兩類，前三服的邦國近於後來的華夏，後二服則屬於非華夏的四裔。

各服負擔輕重差別很大，祭公說：

日祭，月祀，時享，歲貢，終王。

周代猶有遠古神權的遺留，政教合一，許多政事都和宗教祭祀連繫在一起，故相關的物質和勞力負擔也採用祭典名稱，其差別則著重在頻繁的程度。甸服者按日提供服務，侯服按月，賓服按季，要服按年，最輕的荒服只當周王登基和自己新即位才來朝見。隨著服務時間的疏密，職事內容也應該不同，〈周語〉只說祭、祀、享、貢、王，缺乏詳細資料。至於沒有履行職務的邦國，承受的懲罰亦不相同，〈周語上〉曰：

刑不祭，伐不祀，征不享，讓不貢，告不王。

甸服未能日祭則按法律行刑，侯服不月祀則討伐，賓服不時享則出征，二者皆用兵，可能規模有大小之異吧。要服不歲貢則予以譴責，荒服新主不來向周王再確認藩屬關係，則只受警告而已。

如此規整的五服制是否真實存在，或者徹底執行過？固然無法證實，不過不同類別的諸侯邦國的確見於周初銅器銘文和可靠的文獻。西周初的〈令彝〉曰：「王令周公子明保尹（治也）三事、四方。」三事指周王朝廷的官吏僚屬，包括卿旋（事）寮、諸尹、里君、百工，《周書・酒誥》所謂的內服，即亞、服、宗工等百僚庶尹，還有百姓里居（君）。凡此僚吏，《尚書・立政》說得比較詳細，計有三類：一是內廷官吏虎賁（護衛）、綴衣（主管衣服）、趣馬（掌馬車）、小尹（小官長），左右攜僕（內小臣），百司庶府（諸官府司長）；二是地方首長官員，有大都（大都君長）、小伯（小都之伯）、藝人（稅務官）、封臣（原作表臣，掌封疆）、百司（都邑官司）；三是神職及中央官員，有太史、尹伯（官長之首）、庶常吉士（眾多神職人員）以及司徒、司馬、司空、亞（副官）、旅（眾文官）。雖然有些官銜的職責不能盡明，但視作官僚是沒有問題的。〈立政〉還有「夷、微、盧、烝、三亳、阪尹」，三夷狄和三地名，蔡沈《書經集傳》曰：「此王官之監於諸侯四夷者也」，是周王派去監督夷狄或遠地的官吏，可能如漢朝中央政府派遣到諸侯封國的國相和內史，故屬內服。這些官僚對周王室所提供的服務當然與邦畿內的平民不同，但也屬於周邦的職務系統。[37]

至於〈令彝〉的「四方」乃指諸侯，其名目分「侯、田（甸）、男」三種，〈酒誥〉謂之外服，包括「侯、甸、男、衛」四種。不論三種或四種，都屬於祭公謀父說的甸、侯、賓三服，即上文所論之華夏集團，另外的蠻夷和戎狄之邊遠部族，則與〈令彝〉、〈酒誥〉內容無關，故沒有觸及。

甸在周初是指王廷以外的一種諸侯，我們從傳世文獻知道周王直接統治的王畿內尚

37 參屈萬里，《尚書集釋》，臺北：聯經出版公司（1983），頁226-227。〈令彝〉見郭沫若，《兩周金文辭大系考釋》（增訂本），臺北：臺灣大通書局（1971），頁5-6。

存在著大小不等的諸侯，他們擁有封地，今日關中出土的青銅器也可以證明這種情況，故「甸」可以是諸侯之稱；他們都座落在周王的直接統治區（王畿）內，故曰畿甸。畿甸係周王直接統治的邦域，在城邦時代謂之周邦，指邦畿內的庶民，即祭公謀父所謂的「邦內甸服」，也就是〈禹貢〉的甸服。

〈禹貢〉卻記述另一種職事系統，把天下分作甸、侯、綏、要、荒五種服，每服範圍都是五百里。如果不計較如此機械的排比，而考察它們的職事，也有相當的合理性，應該保存了一些歷史訊息，不全是編撰。各服的負擔，王畿的甸服最重，其中又根據距離京師之遠近而有輕重之別，天子腳下的人民是重中之重。

這是一個值得關注的歷史傳承，凡中國政權治下的不同人等，一旦被直接統治，就沒有好日子可過；你離他遠遠的，便少遭干涉，甚至還可能獲得一點禮遇。這是閒話，回到文獻，看看天子腳下人民的負擔有多沉重。〈禹貢〉曰：

> 五百里甸服：百里賦納總，二百里納銍，三百里納秸服，四百里粟，五百里米。

銍是禾穗，秸是帶稃之穀，粟是穀帶殼，米則去殼；總包含以上全部以及供餵飼國馬的稾（稈）。甸服內的人民要提供周王室、政府官員以及宮內服事人員和守衛士卒所需的糧食和所有牲口的飼料。

王畿之外的天下，第一層五百里侯服，分作采、男邦和諸侯三類，第二層五百里綏服，較近者行文教，稍遠者奮武衛，以負責天子的安全，因為到這裡算是華夏集團的邊界，再外就是戎狄蠻夷了。第三層五百里要服，近者為夷狄之地，遠者「蔡」，即放逐罪人（蔡沈《集傳》）。最外層五百里荒服，近者「蠻」，不必受國法制裁（孔安國《傳》）；遠者「流」，作為放逐重罪犯人之地，如後世的發配幾千里。

可見不論〈周語〉或〈禹貢〉，五服之「服」都是職事，然而表面上看是依不同地區而負擔有輕重，但也顯示周王對該地區控制程度的深淺。〈禹貢〉機械地按距離京師的里程來舖陳周的統治秩序，顯然是理想化的藍圖，與戎狄交錯於華夏的客觀實情不符。然而如果分作「直接控制」與「勢力影響」兩大區域來考察周王朝的統治手段，古典文獻亦不無反映了相當程度的史實。

〈周語〉和〈禹貢〉的五服都可以分作王畿、華夏集團和蠻夷戎狄三類，符合城邦時代的天下秩序。王畿與華夏集團是「內」，蠻夷戎狄是「外」，即《公羊傳》所說的「內諸夏而外夷狄。」（成公十五年）這套架構傳到戰國，天下擴大了，《周禮》作者遂加以斟酌損益，創出「九服」之說（〈職方氏〉），也稱作九畿（〈大司馬〉）。九服或九畿，王畿（國）之外，以侯、甸、男、采、衛、蠻、夷、鎮、藩（蕃）為名，與五服之名略有異同，有些甚至可以追溯到周初文獻。然而即使細分為九種服事，也同樣沒有超出五服三類的架構。

不過，在秦征服六國之後，天下一統，凡「中國」之人民和土地都歸屬皇帝直接統治了，真是亙古以來未有之大變局。於是原來第二類的華夏集團，即五服制的侯服、賓（綏）服，或九服制的侯、甸、男、采、衛，都「王畿化」而變成「中國本部」，構成「中國」的「內」，一如封建城邦時代的周天子之對王畿，而由皇帝直接統治。本部之外的蠻夷戎狄，謂之四裔，是「中國」的「外」。這種局面雖新，統治方式則有所承襲，借用班固的話說，這是「先王度土……制外內」（《漢書・匈奴列傳》）。然而這套系統缺乏「外國」，還是蠻夷戎狄四裔的老觀念，天子高居系統的頂端，不可能平等地對待不屬於他統治的地區。中國人很晚才承認有「外國」，是在挨打後帶著屈辱的特殊情況下發生的，即使事隔一百多年，到今日中國人還是放不下古代以來的身段。三千年的積累沉澱的確太過沉重了，這點本書最後一章將有所交待。

皇帝在中國本部設官治民，中央政府之下建立郡縣制的行政機構，按縣、郡或其他各種名目的地方政府，如府、州、行省等等，統治轄下的編戶齊民。齊民的負擔不似〈禹貢〉甸服那般繁瑣，而是孟子所說的「布縷之征、粟米之征、力役之征。」（《孟子・盡心下》）。城邦時代不論是周王畿的庶民或諸侯邦國內的人民，對他們的統治者不只提供農作生產的五穀而已，還有家庭手工業的布帛，和各種輪值的徭役與兵役。新時代也相似，孟子概括為布縷、粟米和力役三種徵調，成為秦漢帝國以下編戶齊民負擔的主要項目，唐代的稅法謂之租、庸、調，與先秦論述完全符合。歷來稅制改革，不論兩稅法或一條鞭，統治者取之於齊民的原則，古典這套負擔方式在傳統時期基本沒有改變。

歷代中國政權一旦強大，都想拓展直接統治區，其擴張模式是先軍事征服，占有其地，接著設置行政衙署，派官治民。新征服地多比較空曠，原居民是外族，中國政府往往遷徙本部的人口去填補，史書謂之「移民實邊」，其實就是摻沙子，把新領土「中國化」。

秦始皇在戰國「中國」的南北邊界進行擴張便採用這種模式，《史記・秦始皇本紀》說：

三十三年（西元前二一四）發諸嘗逋亡人、贅壻、賈人略取陸梁地，為桂林、象郡、南海，以適（謫）遣戍。

陸梁指嶺南（《史記正義》），尚停留在部落社會，未形成國家，沒有龐大的軍備，故不必動用正規軍，只要組織中國本部的邊緣人進行「掠取」，就足以完成任務。社會邊緣人包括曾經有逃亡記錄者，入贅男子以及小生意人。秦擊敗嶺南原始部落後，設置三個郡，發遣罪犯入住，他們既是移民，也負責戍守。

同一年，秦對北方的經營則不同，北方是武力強大的匈奴，需要動用正規軍。〈秦始皇本紀〉說：

西北斥逐匈奴，自榆中並河以東，屬之陰山，以為四十四縣，城河上為塞。又使蒙恬渡河取高闕、陽山、北假中，築亭障以逐戎人。徙謫，實之初縣。

攻取陝北至陰山的匈奴地域，設四十四縣，沿河築城塞；又北渡黃河擴張領土，占據今內蒙古包頭、五原一帶，築長城，建軍壘防守，同樣遷徙內地罪犯來充實新設置的郡縣。秦長城遠在戰國長城之北，漢長城又在秦之北，這樣的擴張方式長年持續進行，故今日北疆猶能看到多重長城的遺跡。〔圖15〕

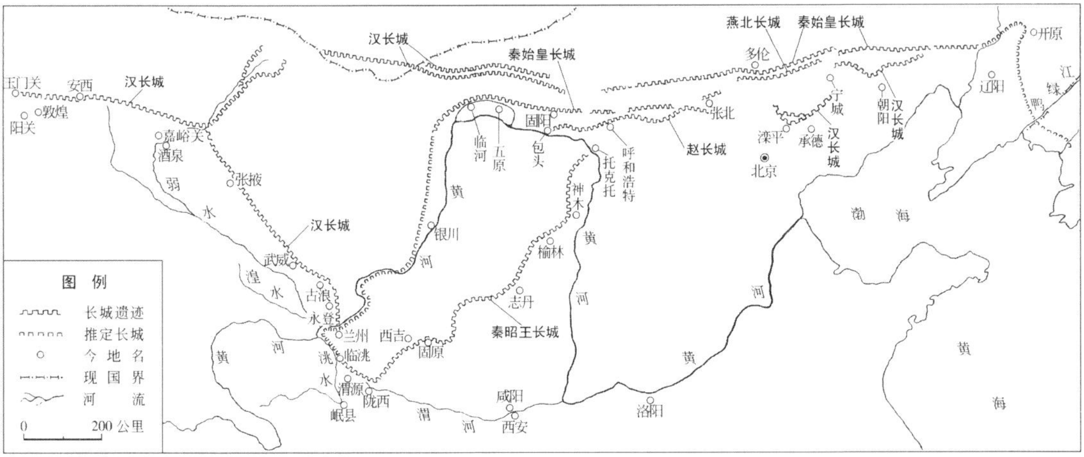

圖 15　戰國秦漢長城地圖

新征服區郡縣化後，未逃走的原居人口自然編戶齊民化，地方政府申報的戶口和賦稅，中央都有檔案記錄，史書所謂「納入版圖」，即明示人口和土地乃政權的基礎。

本來匈奴控制的河西走廊，經漢武帝對匈奴的征服，遂被納入漢帝國版圖，隨即設置郡縣，中國人跟著來實邊。這種模式《漢書・西域傳上》概括其大要曰：

漢興至于孝武，事征四夷，廣威德，而張騫始開西域之跡。其後驃騎將軍（霍去病）擊破匈奴右地，降渾邪、休屠王，遂空其地，始築令居以西，初置酒泉郡。後稍發徙民充實之，分置武威、張掖、敦煌，列四郡，據兩關焉。

河西四郡共設三十五縣，《漢書・地理志下》各郡分別記錄屬縣的戶、口數。

秦漢政府都在新征服地設郡縣，充實人口，予以編戶齊民化，原來中國之「外」的地方變成中國直接統治的「內」。漢帝國在河西走廊的版圖止於敦煌，過此，正如〈西域傳上〉所說：「自敦煌西至鹽澤，往往起亭，而輪臺、渠犁皆有田卒數百人，置使者、校尉領護，以給使外國者。」」。敦煌以西不能算「中國」的範圍，該算什麼？我想應該稱作勢力範圍。

「中國」的勢力範圍

基於統治的實際運作，要先分別直接治理與勢力範圍，才能正確認識中國疆域。茲據譚其驤主編之「中國歷史地圖」，選擇幾個時代的全國疆域總圖，繪製如下，以資比

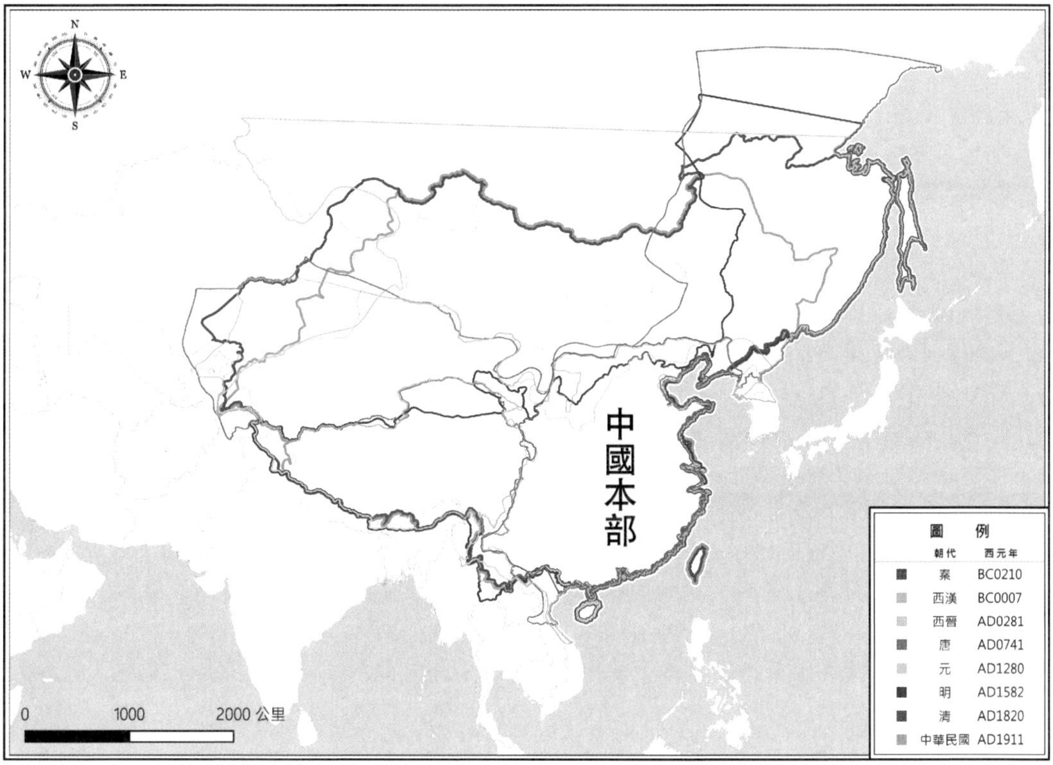

圖 16　歷代中國本部與勢力範圍

較〔圖16〕。「中國本部」以外都是不同朝代（在特定期間）的勢力範圍。中國對其勢力圈的影響程度，大小不一，大抵因時、因地、因人而異，不能一概而論，現在就幾種模式略加說明。

從五服制的「甸服」到中國本部的編戶齊民，也就是從城邦到帝制，中國人一貫的看法是，中央控制地方的戶口和土地才符合直接統治的標準，其他各「服」都只算是不同程度的勢力範圍而已。帝國憑藉著影響力或武力威震以左右外國，古書稱作「羈縻」。漢武帝征伐西南夷，置郡縣，要把夷人編戶齊民化，當時蜀地父老多不以為然，他們說：

> 蓋聞天子之於夷狄也，其義羈縻，勿絕而已。（《史記·司馬相如列傳》）

羈是馬絡頭，縻是牛紖（牛鼻繩），用繮索把牛馬牲口套住，不讓跑掉，古代天子對夷狄就如此，被羈縻者還有相當程度的獨立自主性。所以漢代西南夷地區從後世歷史發展看，即使某一時段設置了郡縣，往往非空有其名，就是旋置旋廢。

西域諸國在漢王朝勢力籠罩之下，也像被絡頭的馬，被穿鼻的牛，拴住，仍有一定範圍的自由，但跑不遠。若真跑走了，不歸順，將如陳湯所說：「犯彊漢者，雖遠必誅」。（《漢書・陳湯傳》）這就是羈縻，雖然依據不同情況，控制的深淺有別。

羈縻手段即使不一，基本精神則一以貫之，既反映中華帝國的本質，也可藉以了解「什麼是中國人」這個難解的問題。《漢書》記述不少豪傑之士在西域冒險犯難的故事，善讀史者當能體會這個民族性格的奧義，這裡只舉幾個代表性人物來說說，不能只當作中國開拓西域史或英雄豪傑的事蹟來看，還有更深沉的蘊含值得推敲。

西域開拓透露的民族性格

西漢出了幾位經營西域的梟雄豪傑，班固《漢書》寫出所謂「大漢聲威」的歷史真相，我們可以從他們身上認識到「什麼是中國人」。

話說昭帝時代「樓蘭、龜茲，數反覆」，甚至「皆嘗殺漢使者」。傅介子先前曾出使大宛，路過這兩國，頗了解其國情。他們的國王親近人民，身邊不設嚴密的安全防衛，傅介子認為可以利用這弱點，進行刺殺，「以威示諸國」。如此簡易的王權是民族性的差異，還是「文明」進程的先後？固待考察，不過讀史至此，不免廢書而歎。西域諸國面對漢帝國，猶如一個直率天真少年，怎麼可能鬥得過巨猾老奸？近人梁漱溟提倡中國文明早熟論（見《中國文化要義》），就人性言，「早熟」的民族並不值得驕傲。

傅介子終於取得掌權的霍光同意，先對較鄰近中國的樓蘭下手，於是攜帶金幣出使西域，揚言分賜給西域諸國，猶如今日的大撒幣。使節團誘騙樓蘭王來見，予以招待，當喝得醉酒醺醺時，介子假稱漢帝有話要私下傳告樓蘭王，支開護衛，國王走入軍帳，不期「壯士二人從後刺之，刃交胸，立死。」傅介子割下樓蘭王首級，出來對在場的貴族、官員與國人宣告：

> 王負漢罪，天子遣我來誅王，當更立前太子質在漢者。漢兵方至，毋敢動！動，滅國矣。（《漢書・卷七十・傅介子傳》）

警告樓蘭國人，有敢輕舉妄動，不利於使節團，你們就等待亡國滅種吧。

樓蘭王負漢什麼罪？能舉出的不過「嘗殺漢使者」，而漢使者何以被殺？有沒有理虧？雙方的是非曲直，史無明文。歷史是勝利者寫的，中國人自己也說過「欲加之罪，何患無詞」，藉口都是贏的人說了算。傅介子的計謀皇帝事前完全不知情，因為獲得專權的霍光准許，遂膽敢公然矯詔，如果追究下去，他推卸不了罪責。但他的冒險成功了，事實上也為漢爭光。傅介子持樓蘭王首級回國向皇帝報告時，皇帝讓諸大臣討論，不管有理沒理，贏就是道理，何況他「不煩師眾」而能立功，於是「公卿將軍議者咸嘉其功」，朝廷乃公開表彰傅介子，封義陽侯，刺殺樓蘭王的武士也都補侍郎，待職皇帝身邊，前途大好。傅介子的作為在當時勢必成為典範，有為青年爭相效倣，故爾後這類人世代輩出。

傅介子是使者，只有少數隨從，沒有帶領軍隊，而以詐欺偷襲方式斬殺樓蘭國王，並且威脅樓蘭人，如果殺了他們使節團，漢朝大軍一到，就把整個國家滅掉。他又宣示正在漢長安當人質的前太子立為王，扶植傀儡，建立聽命於漢朝的政府。即使漢在西域尚無據點，亦未駐軍，但有為者如傅介子能夠干涉人家的內政，不擇手段刺殺國君，扶植親漢政權，以打破匈奴對西域的控制，大大削弱匈奴對漢的威脅。

西域開拓需要像傅介子這類梟雄，個人因素固然重要，但也因為有強大的國力作後盾，能量大，不惜代價，孤注一擲，造成威嚇震懾作用，這是客觀條件。主客觀條件相結合，中國遂稱霸西域，建立勢力範圍，但西域不是直接統治的疆土。

所謂有樣學樣，稍後常惠也獲得霍光默許，「與吏士五百人俱至烏孫，還過，發西國兵二萬人，令副使發龜茲東國二萬人，烏孫兵七千人，從三面攻龜茲。」（《漢書・卷七〇・常惠傳》）一介使者手下只有區區五百文官武卒，竟然徵集到西域諸國五萬軍隊，指揮聯軍攻打不服從的國家，這種手段以後也常被援用。

徵調之外，漢帝國進一步選在戰略要衝建立據點，長駐軍隊。唯漢去西域遙遠，補給困難，花費巨大，故駐紮之士卒相當有限，必要時才從國內調兵馳援。所以維持道路暢通成為經營西域的首要之務，一如西周王朝往東土的平坦筆直周道，或嬴秦統一後修建「東窮燕齊，南極吳楚」之馳道（《漢書・賈山傳》），皆便於快速運輸兵力，以鎮壓反叛，近年青藏鐵路之修築應該也有類似的戰略考量。

駐軍首長稱西域都護，都護是加官，宣帝時置，「以騎都尉、諫大夫使護西域三十六國」，（《漢書・百官公卿表》）主要任務是在護道。漢宣帝朝，鄭吉以侍郎屯田渠黎，「因發諸國兵攻破車師，遷（升官）衛司馬，使護鄯善以西南道。」（《漢書・卷七〇・鄭吉傳》）據《漢書・西域傳上》，「時漢獨護南道，未能盡并北道。」其後，匈奴日逐王叛單于降漢，帝使鄭吉迎之，「乃因使吉并護北道，故號曰都護，」都字即指兼護南北兩道。可見漢帝國最初在西域置官的職責是監管並控制塔克拉瑪干沙漠南北兩條道路，以連繫中國本部到中亞、西亞的交通（圖17）。為維持道路暢行無阻，路上每隔一段距離多建有烽燧，派兵守衛監控（圖18）。

誠如論者指出的，此暢通不以貿易為主要目的，而是要以道路加強漢王朝與西域諸國聯繫，以便保障對西域的嚴密管控。管控西域以打擊匈奴，才是漢帝國的大戰略。[38]

38 參張瑛，〈漢代西域都護設置的時間及其職責相關問題考辨〉，《西北民族大學學報》（哲學社會科學版）2019年3期，頁120-128。

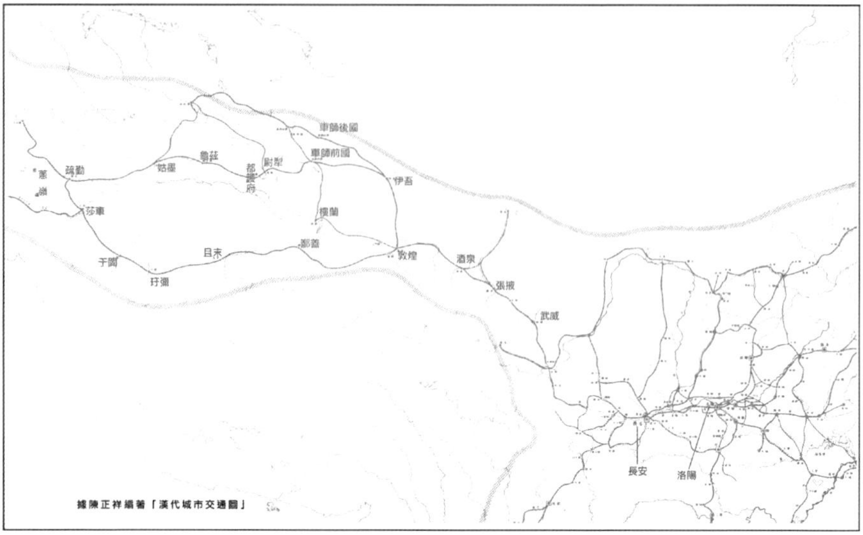

圖 17　西域南北道

圖 18　西漢烽燧遺址，庫車縣克孜爾朵哈

中國政府的政策多因應政治的需要，著眼於國家安全和統治，西域都護不過是一個小例證而已。當然，道路保持暢通後，民間貿易隨之興盛，亦必帶來民族與文化交流，這是近代東方學者關注的絲路課題，文化交流，其功不在禹下，然非漢廷的本意，可以算是歷史的意外吧。

漢帝國建立據點後，由於路途遙遠，糧食不易運達，乃令戍卒屯田以自給。即使屯田，仍難養活動輒以萬計的大軍，故漢駐軍還是有限，如陳湯欲襲擊遠遁到康居的匈奴郅支單于，發動屯田吏士和西域諸國兵圍攻郅支城，「凡斬閼氏、太子、名王以下千五百一十八級，生虜百四十五人，降虜千餘人。」（《漢書・卷七〇・陳湯傳》）主要戰力還是西域諸國兵卒。但如果沒有漢帝國之威嚇作後盾，陳湯個人即使「沉勇有大慮，多策謀，喜奇功」，如何能夠徵調西域胡兵？

漢之控制西域，到東漢前期的都護班超達於巔峰，他的手法可謂集武帝以來種種經驗之大成。首先漢兵為數同樣少，且不說最初班超只「與官屬三十六人奉使絕域」；他駐守西域將近三十年，多次征伐，史書不是說「士吏單少」，就說「眾少」。長久的鎮戍，朝廷只有兩次派遣士卒前來協助，一次是弛刑及義從千人，非正規軍，另一次派了八百兵士，即使是正規軍，實在少得可憐，所以歷次征戰還是要靠徵調西域諸國兵。據《後漢書・班超列傳》）的徵兵記錄，章帝建初三年（西元七十八年），超「率疏勒、康居、于竇、拘彌兵一萬人攻姑墨石城」；元和元年（西元八十四年），「發疏勒、于竇兵擊莎車」；四年後，再「發于竇諸國兵二萬五千人，復擊莎車。」和帝永元六年（西元九十四年），「發龜茲、鄯善等八國兵，合七萬人，及吏士賈客千四百人討焉耆。」此役漢軍連在西域做生意的商賈都派上場亦不過千餘人而已。第二年朝廷封班超為定遠侯，詔書肯定他「不動中國，不煩戎士」；而在外交戰略上，班超也實踐了他向朝廷建議的「以夷狄攻夷狄」策略。

在漢廷開拓西域歷史上，投筆從戎的班超可真是梟雄中之梟雄，《後漢書》本傳記述許多故事足以充分說明，班超擅長使用誘殺手段，他對付疏勒和焉耆都靠詐謀而勝。話說章帝元和元年，超徵調疏勒、于寘兵攻莎車，莎車用重利收買疏勒王忠，忠從之；班超乃更立疏勒王，攻忠，而康居遣精兵救忠，超久攻不能下，於是厚賄和康居聯姻的月氏王，使康居王罷兵。三年後，忠遣使詐降班超，超知其謀而假意允許投降，忠不知有詐，輕騎簡從去見班超，「超密勒兵待之，為供張設樂。」在盛大宴席中，「酒行，乃叱吏縛忠，斬之。」這場國際鬥爭很像傅介子的改進版，下一個故事也是。

和帝永元六年（西元九十四年）班超發八國兵討焉耆，先揚言欲賜焉耆王繒綵，釋放焉耆親匈奴的左將北鞬支，所謂欲擒故縱也。焉耆恃深水之險，班超卻繞道強渡，出其不意，逼近王城，王與國人入山堅守。班超又殺來告密的親漢派左侯元孟，以示不信焉耆王會叛漢，在爾虞我詐的鬥爭中，元孟被拿來祭旗。然後班超定日期大會諸國王，事先放送「當重加賞賜」的風聲，於是焉耆、尉犁兩國王及貴人大臣相率詣超。超佈置吏士加以逮捕，斬於陳睦故城，為先前被焉耆攻沒的都護陳睦報仇。

根據史傳，當初班超與母親隨其兄班固到京城洛陽，固任校書郎，超家貧，常為官傭書（如同今日的研究助理），以供養老母。班超因工作勞苦，沒有前程，曾投筆嘆曰：「大丈夫無他志略，猶當效傅介子、張騫，立功異域，以取封侯，安能久事筆研間乎？」後來班超果然學了傅介子，所立功業，不下張騫，遠非傅介子所可企及。

班超也在西域諸國扶植親漢派，章帝建初三年（西元七十八年）向朝廷分析西域諸國的匈漢外交路線，認為只有焉耆、龜茲未服漢，建議「拜龜茲侍子白霸為其國王，以步騎數百送之，與諸國連兵，歲月之間，龜茲可禽（擒）。」侍子即質子，白霸此時羈留在長安，十三年後龜茲等國皆降，朝廷乃「拜白霸為龜茲王，遣司馬姚光送之。」班超和姚光脅迫龜茲貴人廢其王尤利多而立白霸，然後姚光帶著尤利多返回京師，好讓漢朝的傀儡白霸得以坐穩王位。

扶植龜茲白霸之前，班超更立疏勒國的府丞成大為王，分裂疏勒為兩派，超乃集中力量攻打疏勒王忠。後來的種種變化就是前面說過的康居助忠，班超賄賂月氏王勸康居王罷兵，使康居王執忠以歸其國，過三年而設宴誘殺疏勒王忠的故事。班超分化西域國家內部的勢力以操縱該國內政，手段熟練靈活，反對我者該放就放，親附我者該殺則殺，都看他陰謀的需要而定。

兩漢西域的經營就這樣立基於有膽識、有謀略的梟雄人物身上，他們挾帝國的聲威利用人性的善良或弱點，行「兵不厭詐」的誘騙手段，操縱於諸國之間。這種方式所造就的西域經營，興衰存滅多繫於都護的膽識與才能，但人存勢力在，人亡勢力散。這個規律漢朝皇帝很清楚，班超「久在絕域，年老思土」，上疏請求調回中土，甚至說出「臣不敢望到酒泉郡，但願生入玉門關」這麼絕望的哀求，和帝還是不批准，總想借用他的威名。最後是他妹妹班昭寫了一封文情並茂的書信上奏皇帝，「帝感其言，乃徵超還。」永元十四年（西元一二〇）八月超回到洛陽，只過一個月，九月而卒，年七十一，駐守西域長達三十一年。

總而言之，西域只是漢帝國的勢力範圍，和編戶齊民的本部（內地）完全不同，記載郡縣、人口的《漢書》〈地理志〉、《後漢書》〈郡國志〉不包括西域三十六國即是這緣故。至於更遠的烏孫、康居、大宛、月氏，比起鄯善、樓蘭、焉耆、龜茲、于寘、疏勒等國，漢的影響力又更微弱，和西域諸國不能混為一談。

唐魏徵撰纂修的《隋書・西域傳》史臣論中國勢力擴張的根本原因說：

自古開遠夷，通絕域，必因宏放之主，皆起好事之臣。張騫鑿空於前，班超投筆於後，或結之以重寶，或懾之以利劍，投軀萬死之地，以要一旦之功，皆由主尚來遠之名，臣殉輕生之節。是知上之所好，下必有甚者也。

皇帝好大喜功，自然有不怕死的臣子來投效，所謂「輕生」即為個人前程，愛財好名不惜命。他們的手段，說穿了也很簡單，不外以重寶利誘和用利劍威嚇，而其背後基礎則是整個中國的軍事財經力量。即使到今天，在複雜的國際局勢中，我們仍可以看到這些歷史的影子。所以只要皇帝好大喜功，欲威播遠夷，必定不乏國人來呼應，不限於「宏放之主」和「好事之臣」而已，是民族性的一部分。《隋書》的評論雖指兩漢，事實上，後世成功者都脫離不了此一論斷。

自從秦漢形成廣土眾民的帝國之後，中國以其雄厚國力，隨著統治者的意志、才略和好惡，的確可以傾全國之力達成目的。帝國國威雖然能夠遠播，勢力範圍可以無遠弗屆，但由於人亡政息，即使所謂漢唐盛世，同一朝代往往多是短期的狀況而已。

比都護府再進一層的控制則是設置行政機構，其名目雖然比照中國本部，實質仍屬於勢力範圍而已，李唐在高麗和西域即採行這種模式。《新唐書．地理志一》說：「舉唐之盛時，開元、天寶之際，東至安東，西至安西，南至日南，北至單于府，蓋南北如漢之盛，東不及而西過之。」據開元二十八年（七四〇年）戶部帳，全國有郡府三百二十八，縣一千五百七十三，戶數八百四十一萬二千八百七十一，人口四千八百一十四萬三千六百零九。這些數據應包含邊區都護府和羈縻州，帳面上羈縻地區的戶口申報到中央，但控制程度與本部迥然不同。

唐朝的都護府是針對征服區，西域方面，伊州置三縣，西州五縣，而北庭和安西兩個大都護府，前者是貞觀十四年（六四〇年）平高昌，以西突厥泥伏沙鉢羅葉護阿史那賀魯部落置，後者是顯慶二年（六五七年）平賀魯，析其地「分種落列置州縣。」（〈地理志四〉）另外有羈縻州，分別隸屬關內、河北、隴右、劍南、江南與嶺南諸道，設府、州八百五十六，未置縣，控制可能更鬆緩。雖然《唐六典》規定「凡諸國蕃胡內附者，亦定戶為九等」，分上、次、下三類，賦役不同（卷三戶部郎中員外郎條），粗看似乎就如本部之「齊民化」了，其實不然。《新唐書．地理志七下》羈縻州序有這麼一段話：

自太宗平突厥，西北諸蕃及蠻夷稍稍內屬，即其部落列置州縣。其大者為都督府，以其首領為都督、刺史，皆得世襲。雖貢賦版籍，多不上戶部，然聲教所暨，皆邊州都督、都護所領，著于令式。

實際治理的大小官吏都任用其本族人，高官大員甚至世襲，顯然高度自治，只在名分上奉唐皇帝為最高統治者而已。一如克服高麗國，分其地為九都督府，設州四十二，縣一百，「用其酋渠為都督、刺史、縣令」，雖然在制度上採行中國本部的郡縣制，實質上仍然高麗人自己統治。更重要的是所編列的戶口帳冊，並不上繳戶部，也就是不向唐中央政府納稅。法令規定地方長官負責文教，因為他們都是當地世家大族，民族意識和傳統文化濃烈，也不可能如中國本部地方官宣揚中央認可的儒家文教。

漢唐的羈縻方式雖然有些差異，內涵本質是先後一貫的，班固〈匈奴傳下〉論「聖王制御蠻夷之常道」，正指出羈縻的心態。他說：

《春秋》內諸夏而外夷狄。夷狄之人貪而好利，被髮左衽，人面獸心，其與中國殊章服，異習俗，飲食不同，言語不通，辟（僻）居北垂寒露之野，逐草隨畜，射獵為生，隔以山谷，雍（壅）以沙幕，天地所以絕外內也。

老天爺用山谷和沙漠自然地把中國與夷狄分開，地理條件不同，產業絕殊，生活習慣和言語文化都不一樣，中國作為「內」，夷狄作為「外」，內是自己人，外是他者。

是故聖王禽獸畜之，不與約誓，不就攻伐，約之則費賂而見欺，攻之則勞師而招寇。其地不可耕而食也，其民不可臣而畜也。

班固所代表的儒家的觀念，蠻夷形貌雖視若人，其實獸心，古聖先王把他們當禽獸對待，因為他們夠不上「人」，中國既不與之立盟約誓，當然也不必加以討伐。因為立約就要賄賂，他們不守信用，得過好處又不認帳，白白浪費錢財；如果要出兵討伐則勞師動眾，中國空虛，本部反而招致賊寇。何況即使佔有其地，也不能耕種；有其民，也不聽役使，無論如何都不划算。

是以外而不內，疏而不戚，政教不及其人，正朔不加其國；來則懲而御（禦）之，去則備而守之；其慕義而貢獻則接之以禮讓，羈縻不絕。

聖人既然把蠻夷戎狄隔在外面，我們就要疏遠他們，不親近，不施予政教，曆法也不頒給他們。如果他們來攻，我們就抵禦；他們走了，我們就好好守備；如果他們欣慕中國而來進貢，我們就待之以禮，多讓點利，長年採行羈縻政策，不必改變。然而像匈奴這種與漢勢均力敵而且對抗的國家，與西域或西南夷又不同，中國固不可能施以政教，也沒有能力要求他們奉正朔。

班固這篇論述，代表文士儒家的觀點，與冒險絕域、開疆拓土的武人，構成兩極對照。這派見解可以充分說明中國政府採行羈縻政策的心態，多在力不能及的情況下，不得已而為之，抬出「聖王之道」自我安慰，多少帶點阿Q意味吧。

總之，中國對待眾多不同羈縻程度的國家，並未派駐大軍，興建軍事城堡或設置郡縣等行政系統，即使有也只是名義上的而已。然而中國統治者可不像班固這般儒生空想，他們仍要四裔奉中國之正朔，承認中國是老大；由於不能派官吏管理，也難駐軍隊鎮壓，肯定無法推行中國的政教，羈縻終必流於放逸。故知中國只因力有未逮才接受勢力範圍，一旦有力量，就要設官治民，編戶齊民化，納入國家的版圖。

歷史上中國疆域的範圍到哪裡？是涉及政治是否正確的敏感問題，論者往往罔顧事實，往中央直接統治說靠攏，其實探討王朝對羈縻地控制的程度，才是實事求是的作法。唐王朝之於西域，諸多中國學者的論說中，有一種看法認為唐羈縻府州的首領仍是原來在地的統治者，職務世襲，唐不干預其內政。民丁不編戶，不隸屬戶部，不納賦稅，有別于郡縣制下的漢民編戶；但外交、軍事要服從唐朝，首領接受皇帝冊封，向中央政府進行朝貢，朝覲皇帝，以表示臣服，還有勤王助戰的義務。[39] 我們認為這樣的論斷才符合史實，那麼，還能把廣大的西域當作中國的版圖嗎？

39 苗普生、田衛疆主編，《新疆史綱》，烏魯木齊：新疆人民出版社（2004），頁164。

西南與東北的羈縻

中國對西南民族的羈縻政策和西北國家截然不同，概言之，對西域的經營，戰略意義大於經濟實利，漢為對付匈奴，唐為對付突厥，爭取西域歸順，一變成勢力範圍後便如斷匈奴、突厥的右臂。但對於尚停留在部落組織、尚未形成大政治體的西南地區，自然資源和政治號召才是主要動力。企圖北伐的諸葛亮之進兵南中，《漢晉春秋》有謂「七縱七禽（擒）」者，讓西南民族心服口服，完全和上面講的西域經營不同。蜀漢的勢力達到滇池，陳壽說：「軍資所出，國以富饒」，正道出孔明決策的用心。

諸葛亮說：

若留外人，則當留兵，兵留則無所食，一不易也；加夷新傷破，父兄死喪，留外人而無兵者，必成禍患，二不易也；又夷累有廢殺之罪，自嫌釁重，若留外人，終不相信，三不易也。

留外人即蜀漢駐紮軍隊。他認為一旦成為勢力範圍，又構不成威脅，便無駐軍留守之必要。因為如果留兵，則兵無所食；如果只派文官沒有軍隊保護，勢必被推翻。當地人終究不相信外來統治者的，一旦有機會就會反叛；一反叛必然要派兵鎮壓，但地形複雜不利正規作戰，路途險峻不利運輸糧草，如此循環，最後勢必一敗塗地。不愧是諸葛孔明知深而慮遠，認識自己是外來征服者，南中當地人終究不信服，於是制定「不留兵，不運糧」的政策，只要求「綱紀粗定，夷漢粗安」就好。（以上參看《三國志・諸葛亮傳》裴松之注引《漢晉春秋》）

諸葛亮的南中經營策略，唐朝官拜蜀州刺史的張柬之認識得很清楚，也深深佩服，遂向朝廷建議對付西南民族的策略。他指出西南地區的經濟利益，東漢政府「收其鹽布氊罽之稅以利中土，其國西通大秦，南通交趾，奇珍異寶，進貢歲時不闕。」四川西南部直到貴州、雲南，有古道通往緬甸、孟加拉，以出印度洋，另一方面向東南，經廣西，可以由越南出南海。這兩條路線遠及波斯、阿拉伯、近東到東羅馬，經貿長期以來就很活躍，所以取得南中，歲貢不缺。張柬之稱贊諸葛亮，南征之後，「國以富饒，甲兵充足」，而且「使其渠率自相統領，不置漢官，亦不留兵鎮守，……此策妙得羈縻蠻夷之術。」（《舊唐書・卷九一・張柬之傳》）政治上只要奉中國為首，經濟利益又可源源不絕獲得，實在是控制蠻夷的上上之策。

中國西南非漢地區不駐軍的羈縻政策，中央的管控比西域還寬鬆，多為後代政府所繼承。不同王朝對當地酋帥雖然封官加爵，授予刺史、郡守、縣令等官職，或加王、侯的爵號與名目繁多的品秩，多示恩寵，其實只是虛銜而已。由於這些職官皆當地原來統治者擔任，故法律習俗一仍其舊，誠如宋真宗「常戒邊臣，無得侵擾，外夷若自相殺傷，有本土之法，苟以國法繩之，則必生事，羈縻之道正在於此。」[40] 當地行「本土之法」，不用中國本部的「國法」，即從其舊慣的意思。可見宋朝對待西南民族的政策，只要他們歸順中央，一切聽由自主。

西南羈縻地的統治者，過去稱作「土官」，元代實施土官土司制度，乃有「土司」之稱。土司職官包含宣慰、宣撫、安撫、招討諸銜，土官則分總管、土府、土州、土縣；據研究，中上級「參用土人」，基層都「以土酋為官」。[41] 明代「踵元故事」，《明史・土司列傳》敘曰：

其道在於羈縻。彼大姓相擅，世積威約，而必假我爵祿，寵之名號，乃易為統攝，故奔走惟命。

土司皆當地大姓，世代相傳，朝廷認為授以大明的官銜爵號，為的是更方便於統治而已，使他們也更加忠心賣力。明王朝做這種無本生意，當然著眼於經濟利益，但需索無度，「調遣日繁」，在地雄長有實力，有威望，自然容易反抗，遂形成「叛服不常」的局面，故史官總結土司制度「利害各半」。（同上）制度上，土司要納貢和服徭役，無需交納賦稅，與內地不同。及至清初，當《明史》成書之前，土司制度已經廢除，改派流官治理，結束千餘年的自治或半自治，中國西南地區遂齊民化、「內地化」，才真正納入版圖。

40 《宋會要輯稿》第一四九冊〈蕃夷五〉之四三，引自龔蔭，《中國土司制度》，昆明：雲南民族出版社（1992），頁21。
41 參上引龔蔭《中國土司制度》，頁31。

明朝邊區勢力所及之地，參用土官不限於西南的土司，在東北的奴兒干都司雖採衛所制度，也多任用土著之雄長統治，有名的「永寧寺記碑」充分證明「以土酋為官」的實情。明初，成祖曾數度派遣使臣到今天的黑龍江、烏蘇里江以東及松花江和嫩江流域的奴兒干國（Nurgan Jurchens）招撫，使臣遂立碑記功。碑文云，永樂九年（一四一一）春，內官亦失哈（Ishiha）「率官軍一千餘人，巨船二十五艘，復至其國，開設奴兒干都司。」亦失哈，女真人，成祖倚重的太監。翌年冬，復命亦失哈再至奴兒干，「賜男婦以衣服器用，給以穀米，宴以酒饌。」第三次，永樂十一年

圖 19　永寧寺石經幢（今已毀）

圖 20　永寧寺記碑　俄羅斯哈巴羅夫斯克邊疆區 Tyr 出土

（一四一三）秋，亦失哈選在都司衙門西觀音堂舊地（今俄羅斯 Tyr）興建永寧寺〔圖19〕，立碑作記〔圖20〕，[42]以期「子子孫孫，世世臣服，永無異意。」

石碑今藏於俄國符拉迪沃斯托克（Vladivostok，中國稱作海參崴）的阿爾謝尼耶夫遠東歷史博物館（V. K. Arseniev Museum of Far East History），[43]碑文主要是歌頌皇恩國威，但後半記錄一長串人名及頭銜，上自身分最高的欽差亦失哈，下至各種匠人，幾乎巨細靡遺。這可能是一份建寺立碑相關人員的名冊，但多少也可以反映明帝國之勢力範圍的統治結構。茲迭錄「永寧寺碑」人名於下，以見其梗概。（人名空格處為碑文難以辨識者）

欽差內官：亦失哈、〔成〕□勝、張童兒、張定安。（亦失哈為首，女真人，其餘

42 參鍾民岩、那森柏、金啟孮，〈明代奴兒干永寧寺碑記校釋〉，《考古學報》1975年2期，頁33-56；金光平、金啟孮，《女真語言文字研究》，北京：文物出版社（1980），頁355-376，〈永寧寺碑〉譯釋。

43 Andrew West on Twitter: "The Yonging Temple Stele" (2023.2.13-2023.2.14).

三位係朝鮮內官。張童兒、張定安見於《朝鮮實錄》世宗十三年（1431）八月條。）

鎮國將軍都指揮同知張旺（也有可能是朝鮮人）。

撫總正千戶：王迷失帖、王木哈里。玄城衛指揮：失禿魯若、弟禿花、妻叭麻。

指揮：哈徹里、□藍、王謹（應是漢人），弗提衛指揮簽事：禿稱哈、母小彥；男弗提衛千戶：納藍。

千戶：吳者因帖木兒、寧誠馬兀良哈、朱誠、王五十六、□□、黃武、王□君、□□□……（朱誠以下應是漢人）；

百戶：高中、劉官永奴、孫□、□得試奴、李政、李敬、劉賽因不花、傅同王□里帖木、韓□、張甫、金衛、□原、高還、葉勝、□□……趙鎖古奴、王官音保、王阿哈納、崔源、里三、□□□、□（扰）、康速合、阿卜哈、哈赤白、李道安、□道、閻威□；

總旗：李速右（有些漢姓，但名字拼音的疑非漢人）。

所鎮撫：王溥、戴得賢、宋不花、王速不哈、李海赤、高歹都、李均美（漢姓不一定是漢人）。

監造：千戶金雙頂，撰碑記：行人銅台邢樞，書丹、寧憲，書蒙古字：阿魯不花，書女真字：康安，鑽字匠：羅泰安。

來降快活城安樂州千戶：王兒卜、木答兀。卜里阿衛鎮撫：阿可里、阿剌卜。百戶：阿剌帖木、□納。所鎮撫：賽因塔、把禿不花、付里住、火羅孫。

自在州千戶：□剌□、哈弗□的、阿里哥出。百戶：滿禿□。

木匠作頭：石不哥兒、金卯白、揭英。粧塑匠：方善慶、宋福。漆匠：李八回……。

□匠：□□、黄三兒、史信郎。燒磚瓦窰匠：總旗熊閏、軍人張豬弟。泥水匠：王六十、張察罕帖木。

奴兒干都司都指揮同知：康旺。都指揮簽事：王肇洲、佟答刺哈。

經歷：劉興。史：劉妙勝。

按漢文碑記，女真字書手名康安，女真文碑記曰：書寫人遼東女真康安，則設立奴兒干都司時的最高長官康旺也很可能是女真人。碑上官位最高的欽差和次高的鎮國將軍，不是女真人就是朝鮮人，都屬於阿爾泰語系者，但他們不長駐奴兒干都司。長駐的各級官員多是在地的女真人，職級較低的百戶反而漢人稍多；至於工匠，除木匠外，漢人居多，這也反映女真文化缺乏粧塑神像及漆器。像臺灣原住民不用磚瓦，十七世紀荷蘭人來臺灣殖民時從福建引進漢人來燒磚瓦，所以建永寧寺所需的磚瓦由漢人來製作，做這些粗活者反而不是女真人。另外還有更多的部落頭人，接受欽差代表皇帝賞賜後，返回原部落，都沒有紀錄，他們絕對是女真人。

漢文碑記記述，永樂九年開設的奴兒干都司，其管轄的人口都是遼金遺民的後代，碑文說：

> 昔遼、金疇民[44]安故業，皆相慶……遂上□朝□□□都司，而餘人上授以官爵印信，賜以衣服，〔賞〕以布鈔，大賚而還。依土立興衛所，收集舊部人民，使之自相統屬。

碑文明言「使之自相統屬」，可見這個明朝軍鎮區的官與民多非漢人，是相當徹底的自治。蒙古文碑云，亦失哈率隊來時，有「百餘人晉謁」，亦失哈「令其故土設立萬戶衙門，使之統帥舊部人民。」（漢譯）女真碑文亦曰：「按土著地方設立萬戶衙門，使統率舊部人民。」（漢譯）[45]上舉永樂十一年碑記名姓約百人，除少數可以確定漢人、朝鮮人外，

44 疇民，《明代奴兒干永寧寺碑記校釋》考證云，《滿州金石志》作「時」，《滿州金石志稿》作「儔」，茲據鳥居龍藏影本釋作「疇」，前也，疇民即前代之人，指遼金所轄奴兒干人民的後裔。

45 蒙古文、女真文碑文皆見上引鍾民岩等，《明代奴兒干永寧寺碑記校釋》。

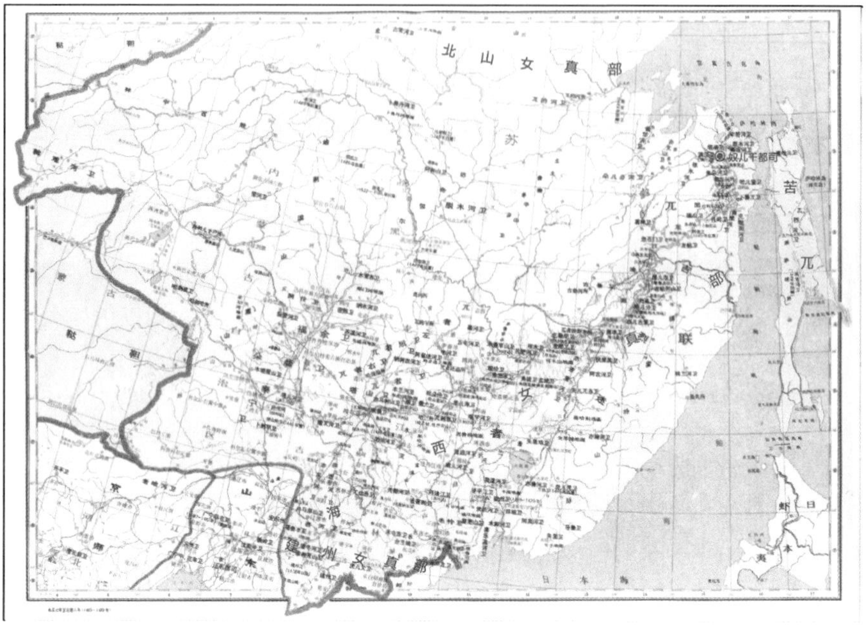

圖 21　遠及庫頁島（苦兀）的奴兒干都司

多是女真人。宣德七年（一四三二）亦失哈再來奴兒干視察，翌年重建二十年前的永寧寺，又立「重建永寧寺記碑」，所錄人名也多是女真人，中央大員之外，最高的遼東都司都指揮康政，奴兒干都指揮康福也是女真人。[46] 前後兩碑都證實，明代奴兒干都司官員的任命，不只是如《明史》說的「參用土人」而已，幾乎清一色多是女真人。

永樂九年（一四一一）亦失哈受命去奴兒干，翌年再至其國，對當地部族酋長大加賞賜布鈔，第二次「自海西抵奴兒干及海外苦夷諸氏」（〈永寧寺記〉）。海西女真部和庫頁島的夷人都來領取禮物，「賜男婦以衣服器用，給以穀米，宴以酒饌」。大撒幣，蠻夷自然「踴躍歡欣」。中國習見的「大有為」之君，之所以能使遠夷順服者，威震之外還要加上利誘，顯然不限於明成祖朱棣而已。

然而，好大喜功不可能久長，邊遠地區勢力難及，過於依賴土著，徒有虛名，一旦中央權威衰落，勢力難及，連名義上的臣服也維繫不住的。明成祖朱棣為「其地不生五穀，不產布，畜養惟狗」（〈永寧寺記〉）的奴兒干而如此勞師動眾，設立的「都司駐軍使」在亦失哈最後一次視察後、短短兩年就取消了，明帝國也退出這一地區。奴兒干都司前後只維持了三十年（一四〇三～一四三三），相對於將近三百年的明祚，豈不像一瞬間嗎？這是所謂超邁漢唐的明朝版圖遠及庫頁島（苦兀）的真相。〔圖21〕

---

46 鍾民岩等，〈明代奴兒干永寧寺碑記校釋〉。

東北是女真人的地盤，他們最後入關，取代大明而建立新王朝，經過康熙、雍正、乾隆三代一百多年的經營，服蒙古、克回疆、拉近青藏，直控雲貴，其疆域遠遠超越秦始皇的中國，為一萬年來所未有。不過清帝國的治理大體還是繼承歷代的統治方式，分直接統治與勢力範圍，沒有把所有民族一律編戶齊民化。

改造成為「中國人」

當中國進入世界體系，成為近代國家的一員時，這個多民族、多文化國家突然喊出單一性的「中華民族」和「中華文化」，自然便遭遇新的難題。這是有其文化基因的。

問題源自於帝國的傳統，缺乏多元文化並存的意識，對直接統治的人口要進行文化改造，在尊崇多元種族、多元文化並存的現代世界，中國人恐怕會愈來愈覺得與世界主流文化扞隔。過去三、四十年，西方世界一度期望納中國入現代（西方）文明之軌道，沒想到中國富強後，他們可是要展現中國制度的優越性，欲推及於全世界，把西方「中國化」。這個大問題還是需要回顧長遠的歷史才能看得深入。

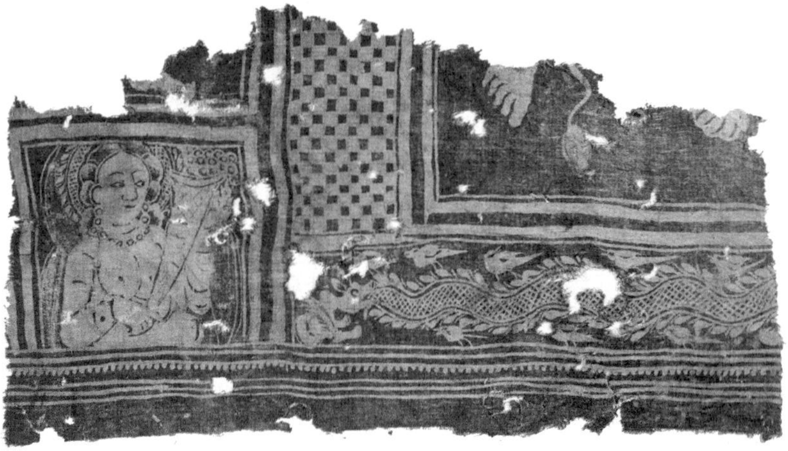

圖 22 東漢臘染棉布

上面說過，「中國」的擴張，在軍事征服與設官治民之後，繼之以文化改造，使該地土著變成「中國人」。只有征服了才能設官，只有設官了才可能實施「教化」，三者缺一，都不可能「內地化」，不可能充分的「中國化」。班固說古代聖王對待夷狄，「不與約誓，不就攻伐，政教不及其人，正朔不加其國」，雖然採隔絕方式，與進取者的立場相反，但同樣是從軍、政、教立言，缺一不可。

這個三階段的「三位一體」，政治統治才是得以「中國化」的核心機制。秦漢以下將近兩千年，在今日中

圖 23　唐狩獵紋印花絹

圖 24　馬人武士壁掛

國疆域範圍內，且不說「中國本部」以外地區產生過對抗中國的獨立政權，何況「勢力範圍」內沒有設官治民，長期以來很難中國化，今日考古出土的文物就有明證。譬如新疆民豐縣尼雅出土的東漢「臘染棉布」殘件，其圖案之裸女和可能的獅子確定來自西亞，非中國文化。另外可能是龍與鳥，也不必然是「中國的」〔圖22〕。又如吐魯番阿斯塔那出土唐代「狩獵紋印花絹」，其獵獅主題毋寧可以追溯到兩河流域的亞述[47]〔圖23〕。還有和闐山普拉（Sampula）古墓群出土的戰國至漢的壁掛「半人馬武士圖」[48]，武士貌似希臘人，半人馬（Centaur）多見於希臘神話〔圖24〕。自從漢武帝「張騫鑿空」通西域以下兩千年來，中國政權都沒把西域徹底「中國化」，是不能，也許不曾想。但最近半個多世紀則大異於前，不斷推動「內地化」、「編戶齊民化」的政策。

中國政權的本質，力所及之地就要征服，要治理，還要改造。兩千年來最大的成效是在「中國本部」範圍內，大致的趨勢，自長江一線逐漸往南，而及於福建、嶺南，最

---

47 新疆維吾爾自治區編，《新疆出土文物》，北京：文物出版社（1975），頁21、119。
48 新疆維吾爾自治區文物事業管理局等編，《新疆文物古蹟大觀》，烏魯木齊：新疆美術攝影出版社（1999），頁89。

後是西南地區，以郡縣城為據點，不斷對區內的「蠻夷」進行教化。

所謂教化是「教」以儒術為主的中國文化，所要「化」的對象是尚未成為中國人的四裔或土著；推動此一文化改造的功臣，可考的歷史名人當首推漢初的蜀郡太守文翁。其實蜀地不屬於華夏文明的系統，早在三千多年前就出現輝煌的青銅文明，三十多年來陸續出土的三星堆文物就是有力的證明。到西漢文景時期，雖然被中國政權（秦）征服已歷一百九十年，可能還保持濃厚的本土文化，遂被主流意識污名化，說「蜀地辟陋，有蠻夷風。」（《漢書・循吏傳・文翁》）文翁這個地方官「好教化」，遂選「開敏有材」的郡縣小吏，「遣詣京師，受業博士，或學律令。」猶如今天帶職出國進修的公務員，到長安有的學經，有的學律，學成返鄉，可以獲得晉升，有提拔至郡守、刺史的。這些功成名就的人肯定構成文翁後續的「教化部隊」。

〈文翁傳〉又說，派遣人員赴京師學習外，郡守又在成都市中建造學官宿舍，招徠四郊外縣子弟入學，給予免除傜役和兵役的優待，成績優等者補郡縣吏，次等也可撈個「孝弟力田」，成為鄉里士紳。他挑選在學的學生見習吏事，明經飭行者隨從郡守行縣考察，傳告教令，形同他的機要祕書。縣邑吏民看了都非常羨慕，功利所在，數年之間，學習「文學」（即儒家講授的經典）成為風尚，人人「爭欲為學官弟子」，富人甚至自掏腰包，請求讓子弟上學。據說原本有蠻夷之風的蜀郡，「繇（由）是大化」；蜀地青年留學於京師的人日益眾多，可與儒家大本營的齊魯比肩並論。

蜀郡的「中國化」即是中國本部在軍事征服、設官治民之後，填補最後一塊拼圖「文化改造」的經典例證。

說到中國本部的整合，軍事征服早在西元前二二一年秦王政手上就完成了，隨即分天下為三十六郡，設官治民，有管民的郡守、帶兵的郡尉和督察官員的監御史。戰國時各國各自為政，也有自己的文化，統一後，秦朝廷派官治理，推行中央政令，自然也會帶來新文化。秦雖然「以吏為師」，地方官吏督導的條目卻多符合儒家倫理，湖北雲夢睡虎地秦墓有一座墓主名叫「喜」，秦王政初年任安陸令史和鄢令史，是縣級屬吏，其墓出土的竹簡《為吏之道》論說做官的準則，便與先秦儒書多所相通，例如：「寬俗（容）忠信，和平毋怨，悔過勿重。茲（慈）下勿陵，敬上勿犯，聽間（諫）勿塞。」[49]這六條有哪一條不為儒家所認可？秦吏不但把教化當作政務，而且奉行的準則與儒家提倡的為人處事原則若合符契，同墓出土的《語書》亦然。至於地方官吏特別標榜儒學，恐怕要從景帝末年的蜀郡太守文翁才開始，他在新朝宣示的意識形態當然要和前朝有所區隔，其實社會底層是一貫的。

不久漢武帝即位，崇尚儒術，取代他祖母竇太后提倡的黃老，中央先置五經博士，又增設博士弟子員額，地方上則採行文翁模式，「令天下郡國皆立學校官。」（《漢書·循吏傳·文翁》）爾後歷朝歷代奉為典範，甚至成為評價地方首長行政優劣的重要指標，史書的循吏傳多包含推行文教的地方官，給予高度肯定。此一制度與風氣，促使春秋戰國時期的蠻夷戎狄地區，在中央政權的教化下而一步步「華夏化」、「儒化」、「中國化」。這是一項漫長的過程，即使在秦始皇就完成的「中國本部」，兩千年後猶存在「化外」之民，視若蠻夷，更不用說後來才征服控制的勢力範圍了，今日中國當局仍然在這些地區進行文化改造工作，也是一種消滅在地民族文化的運動。

中國人認為凡非官方認可的信仰、倫理、禮儀和習俗都是下等、落後或野蠻的，故本部周邊地區納入版圖後，都要進行文化改造，讓當地人「文明」，東漢初年的任延即是有名的例子。

《後漢書・循吏列傳》曰：光武帝建武年間（西元二十五年～五十五年），初詔徵任延為九真太守：

> 九真俗以射獵為業，不知牛耕，……延乃令鑄作田器，教之墾闢。

九真郡約含今越南中北部的清化（Thanh Hoá）省到河靜（Hà Tĩnh）省之地，李賢注引《東觀漢記》說：「九真俗燒草種田」，猶屬原始社會燒山遊農的生產方式，其民經濟來源主要是狩獵。任延來到這麼落後的地方，開始教導郡民先進的農耕技術，社群不再循環性移動，固定的村落於是誕生。

49 睡虎地秦墓竹簡整理小組，《睡虎地秦墓竹簡》，北京：文物出版社（1978），頁281。又參同作者同書名的圖版與釋文本（1990），頁167

衣食漸足後，便關心到文教，《後漢書》說：

駱越之民無嫁娶禮法，各因淫好，無適（敵）對匹，不識父子之性，夫婦之道。

有一點近代人類學知識的人一看這樣的記述，大多知悉歷史底細。南越民族的婚俗和倫理道德當如近代中南半島民族誌的記載，雖與儒家禮法不同，可不必然是野蠻，但卻被中國污名化「沒有固定夫妻，也沒有父子倫常，如同禽獸」。范曄的史筆並非特例，綜觀中國文獻對非漢禮俗的論述，幾乎都是這種所謂「淫佚」的調調。這位漢廷循吏乃「移書屬縣」，靠政治力量強加改造，命令九真人「以年齒相配」。據說這一年「風雨順節，穀稼豐衍」，可真神奇啊，文化改造也能感動天地！於是「其產子者，始知種姓」。在中國人的心目中，種姓是人區隔於禽獸的指標，然而九真人真如禽獸嗎？恐怕只因為南越的族系標識和中國的姓氏不同罷了，並不是任延出任太守之前，九真社會仍然停留在原始洪荒世界。

漢武帝元鼎五年（西元前一一二年），發水陸兩軍征西南夷，兵分五路，從今湖南、江西、貴州向南進攻，其中有兩路的統帥是越人。漢遠征軍會師於番禺（今廣州），經過征伐，第二年乃設置南海、蒼梧、鬱林、合浦、交趾、九真和日南七郡，[50]涵蓋今廣東全省、湖南南部、廣西東部，以及越南中部以南的順化（Hue）、峴港（Da Nang）。九真是這七郡南端倒數第二個，離中國本部極其遙遠，任延的「神奇」政績遂被特別稱道。比任延早二十年的交阯太守錫光，亦「教導民夷，漸以禮義」，據說「化聲侔（等同）延」，但沒有像任延的精彩故事傳世。范曄總結說：「領（嶺）南華風，始於二守焉」（《後漢書・循吏列傳》）五嶺之南地區靠這兩位太守才得以孺慕華夏文化。

錫光和任延治理今越南中北大半地區，他們的故事足以證明軍事征服——設官治民——文化改造三者一體。中國的政治文化霸權傳統，即使晚至二十世紀中期，國民黨政權還認為臺灣原住民不知種姓，所以隨意給他們按上一個漢人姓氏，造成族屬標識之混亂，同一家族卻不同姓。近來雖然有些人恢復原來的傳統族名，但積重難返，如果不

50 參《漢書・武帝紀》元鼎五年、六年，及〈地理志〉相關諸郡條。

是民主化後，本土政權珍惜在地多元文化，再過幾代，原裔恐怕也步上三百年前平埔族群之後塵，都變成「漢人」了。

此一模式也可以追溯到中國很多地區，尤其是長江以南之地，只是文化改造不像軍政那麼容易，中國南方的「蠻夷」直到二十世紀初期依然沒能改造淨盡，還留下一些供民族學家研究殘餘，如五嶺山區的瑤族或閩西的畲族，但經過現代民族國家政權的徹底改造，現在所剩無幾了。

兩千年來長江以南的「漢化」或「中國化」工程，歷朝政權及其官僚皆不斷在進行，我們只說一個歷史故事和兩篇近現代研究，應該就可概括其餘。先說故事的主角是臺灣人並不陌生的「開漳聖王」，唐朝陳元光。

《全唐文》卷一六四收錄武后垂拱二年（六八六）陳元光上呈朝廷的〈請建州縣表〉，[51] 我們因而得知唐高宗永淳二年（六八三），弱冠之年的元光繼其父陳政為嶺南行軍總管，管轄軍務的範圍擴及閩粵，地極七閩，境連百粵，左衽居椎髻之半，可耕乃火田之餘。

閩南和粵東相連，族群人口多半是蠻夷，這是秦始皇確立「中國本部」以後九百年的情況。當地的生業也和上述漢代九真相似，燒山遊農，即所謂「火田」；還有兩項文化特徵，左衽和椎髻。這兩項文化是中國古來表示蠻夷的慣用語，實際的衣服、髮型不見得如文字表面的意義，據近代民族學的認定，這一帶應該屬於畲族。

陳元光的表文報告當地原住民族難以治理，他說：

原始要終，流移本出於三州；窮凶極暴，積弊遂踰於十稔。元惡既誅，餘凶復起。

51　董誥等編，《全唐文》，上海古籍出版社據原刊揚州官刻本影印，第一冊，頁737。

這裡的人民鮮少定居，經常流動，官府難以掌控；他們不守法紀，性格強悍，行為兇暴。如此積弊超過十年，一度被他平定，首腦雖誅，但餘黨旋即又起。他發現：

法隨出而奸隨生，功愈勞而效愈寡；撫綏未易，子育誠難。

法律不好對付，官府徒勞無功，安撫不易，愛民實難。經過十年的努力，不見任何成效，他多方探索緣由，以求解決之道，最後領悟到：

兵革徒威於外，禮讓乃格其心，揆諸陋俗，良由職方久廢，學校不興。

這裡的人如此難治，全因未設官府，不能興學校，行教化之故。職方即是官府，其實不是官府久廢，而是閩南這一帶向來尚未設置郡縣，猶如清代臺灣土牛紅線以外的原住民山地，政教不及也。由於統兵征伐，他才深入閩南地帶。

陳元光面對這些「蒐狩為生」的蠻夷，「所習者暴橫為尚」，外來統治者對這些原始「自由人」必然頭痛，憑他過去多年的經驗，知道「誅之不可勝誅，徙之則難以屢徙」，想要不用刑罰，不動干戈，根本解決之道是設官教民。故他向朝廷建議：

其本則在創州縣，其要則在興庠序。

設立地方行政機構，派官治理，即謂「建治所而注頒官吏」；首要政務是先建學校，進行教化，因為「倫理謹則風俗自爾漸孚，治理彰則民心自知感激。」用儒家之道馴化桀傲不羈之民。

陳元光的行事和建議，正是軍事征服、設官治民和教化改造三者一貫的擴張模式。他說他的建議雖是「救時之急務」，亦「循往古之良規」，過去「中國」的擴張就是採用這種模式的。嶺南行軍總管的治所臨近漳水，兩年後武則天果然批准設置漳州，授陳元光「持節漳州軍事、守漳州刺史」之官職。朝廷正式任命他為刺史，於是他又上呈〈漳州刺史謝表〉，內容多是官樣文章，不如前表傳達很多歷史訊息（《全唐文》卷一六四）。然而歷史發展有個過程，民族、社會不可能這麼輕易改造，官府雖然設了，原住民並不立刻就範，軍事壓鎮仍然持續進行，不久陳元光在一次剿滅「蠻賊」的戰役中戰死。

今考陳元光的歷史，舊、新《唐書》皆無傳，除上面提到《全唐文》收有他的〈請建州縣表〉與〈漳州刺史謝表〉是直接史料外，有關他的故事或事蹟只見於後世地方志，修志書者摭拾民間傳說或地方史料，整理成他的小傳而已。至於他的戰死，地方志記載也詳略不一，《大明漳州府志》卷十四〈列傳．唐．知州〉陳元光條曰：「後，帥輕騎討賊，援兵失期，力戰而死。」討什麼賊，哪裡來的援兵，皆沒說。河南《光州志》卷五〈忠義列傳〉陳元光條比較詳細，說：「未幾，蠻寇鴟張，潛抵岳山，元光往討之，步兵後期，為賊所殞。」所謂「蠻寇」或「賊」其實是當地原住民（蠻夷），固知這是少數民族反抗漢族外來政權的鬥爭。即使唐朝進行軍事鎮壓已經多年，並且設州縣統治了，原住民的反抗力道仍然強大，才有「鴟張」（囂張）的記述，連軍人世家出身的陳元光也陣亡。

陳元光之父來自河南光州，故《光州志》列他為鄉賢；而他戰死的岳山，屬於雲霄縣，今稱拜嶽山，《雲霄縣志》亦記其事。《雲霄縣志》卷十三〈秩官〉刺史陳元光條提到「蠻寇雷萬興、苗自成之子糾黨復起于潮，猝抵岳山。」雷姓是傳說盤瓠苗裔的畲族，自潮州起兵，打到漳州；這一帶是元光父子兩代經營的地區，可見粵東、閩南分布許多原住民，亦久久不受中國教化。

《雲霄縣志》說，元光卒於景雲二年（七一一）。此志成書晚到民國，而謂元光上疏請求設置州縣在嗣聖三年，嗣聖只有元年（六八四），其三年之說不如〈請建州縣表〉的垂拱二年正確，雖然是同一年。元光戰死之年，《漳州府志》用了一個「後」字，《光州志》說「未幾」，似在他任刺史不久，如果按照《雲霄縣志》，已是設州二十五年之後，可見「中國化」過程沒有想像的輕易。後一說難道出自當地的史料嗎？嗣聖三年也有可能是根據當地史料，當時通訊不發達，邊地隔絕，往往不知中央更換年號，仍然沿用舊年號。

從中國長遠的發展看，閩南的確逐漸漢化、儒家化、中國化，到宋朝便文風鼎盛，人才輩出了。《光州志》說：陳元光戰死後，「百姓哀之，肖其像以祀於綏安溪之大峙。先天元年（七一二）事聞，詔贈官，謚忠義。」他終於受到朝廷褒揚，但仍未列入國史。

圖 25　福建詔安岑頭威惠廟

圖 26　彰化威惠廟

可不只閩南，不只福建，整個長江以南，即使秦漢早已列入版圖，但各地先後也都經歷類似的過程。

後來陳元光被當地人尊為「開漳聖王」，變成民間信奉的神明，也稱「威惠王」，「威」而後「惠」，正是從軍事征服到文化改造的寫照，如此的中國擴張模式，還多一層信仰因素，漢化、中國化，也神聖化（圖25）（圖26）。閩南一如他所預言的，經過教化，必然會使「秦越百家愈無罅隙，畿荒一德更有何殊？」原住民（越）文化消失，與「中國」（秦）無縫接軌變成中國人，荒服之地與天子腳下的王畿沒有懸殊，整合成為「中國」的一部分。

陳元光戰死多久才變成神明，即使地方志也不可考，推測應該在當地相當程度漢化，原住民族忘記祖先而自認為是漢人或中國人以後的事吧。時間稍晚而地域相近的潮州昌黎祠，可能也經歷同一過程。潮州祭祀韓愈，由於他文起八代之衰，成為歷史名人，中國文人奉為表率，足跡所踏之地的人都引以為榮。他在廣東潮州待不過幾個月，留下一篇怪誕的〈祭鱷魚文〉，何來遺澤於民而使人感念呢？可是隨著移民，昌黎祠都被帶到各地去，臺灣屏東內埔的昌黎祠就是這樣來的。這是「中國化」擴散值得關注的現象。

陳元光正史無傳，幸好他留有兩篇疏奏，我們才得以知道他在閩南的作為，可以建構閩南之所以成為「中國」的過程，可以解答「中國人」如何形成的疑難。像他這種案例的地方首長應該不少，中央視若平常，不算國家級歷史人物，以致難以列入國史。

關於長江以南的漢化，近代學者考察湖南人的血統，可以作為佐證。歷史地理學家譚其驤在上個世紀三十年代研究近代湖南人的蠻族血統，[52]討論宋代以下一千年湖南「漢化」的情況。這個問題傳統史料存在許多先天的缺陷，一則史籍鮮少記載，再則譜

52 譚其驤，〈近代湖南人中之蠻族血統〉，《長水集》，北京：人民出版社（1987），頁361-392。

牒曲諱而掩飾，那時沒有DNA檢測，想在久已混合的民族中探索蠻族祖源幾乎不可能，不過譚氏仍有適度的方法追尋。他只有傳統史料可資運用，但「區以地域，證以古今望族、蠻酋姓氏之因緣遷變」，尤其集中姓氏的考察，還是可以看出一些端倪。

青年譚其驤根據湖南各府、縣地方志的「選舉志」，統計有功名者的姓氏，推定其祖先是漢或是蠻，得出湘西各縣蠻姓占全縣有功名者少則五分之一，多至三分之一以上。鳳凰、通道兩縣幾乎占有一半，瀘溪、會同、溆浦占四成，三成以上者有乾州、麻陽和黔陽；二成以上者更多，有辰溪、永綏、芷江、綏寧、永順、龍山、城步等縣。凡此統計皆限於父系，若計算母系，比數一定更大，何況還有漢化已深、諱言蠻祖者更無從在數據上顯現。譚氏深知其統計數目的缺陷，故曰，蠻族原無譜牒，「迨夫知書習禮，門第既盛，方有事於譜牒，或已數典而忘祖，或諱其所出，乃以遠祖托名於往代偉人，臆造其徙移經過，易世而後莫究。」譚氏的另一篇研究，〈湖南人的由來〉，[53] 根據地方志的「氏族志」、文集與文徵的「族譜序」而作統計，大量來自湖南省外的移民應該也有相當比例是蠻族，編造家族移徙史以證成他們是有來歷的漢人。

譚氏發現湖南境內同為一地之蠻姓，著稱於唐宋者，至明清大率已變為漢；而著稱於明清者，唐宋則尚無所聞，遂推測當時猶僻處深山窮谷，與漢族極少接觸，故無紀錄。他說蠻變為漢的趨勢，是從「生蠻」轉為「熟蠻」，再進一步轉化為「漢」。此一過程正如臺灣原住民從「生番」轉為「化番」、「熟番」，再變成漢人。譚氏在湖南觀察到中國歷代政府常用的政策是「餌熟蠻以利祿，使征生蠻」；我們知道清政府統治臺灣時，也利用「熟番」征討「生番」，進入山區的是熟番，綠營官兵則多守在隘口，不敢深入。[53]

最近，陳弱水也探討中古前期（約漢末至隋）中國東南土著的族姓逐次華夏化的過程，他謂之「重層華夏化」，也就是比較臨近中土的原住民「華夏化」後，再影響比他們更邊遠的原住民。[54]

53 譚其驤，〈湖南人的由來〉，《長水集》，頁300-360。
54 陳弱水，〈早期中國東南原住人群——以山越和姓氏為例的探討〉，《中國歷史與文化的新探索》，臺北：聯經(2021)，頁35-132。

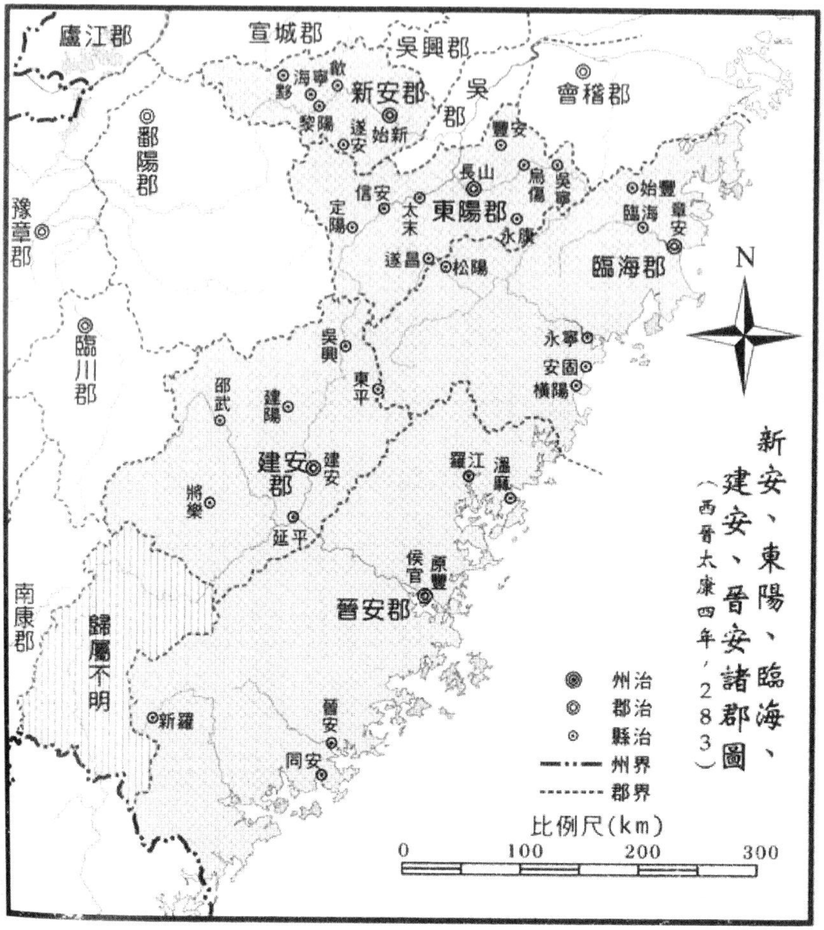
廬江郡
宣城郡
吳興郡
會稽郡
新安郡
海寧
歙
黟
黎陽
遂安
始新
吳郡
鄱陽郡
豐安
長山
烏傷
吳寧
始豐
臨海
章安
信安
定陽
太末
東陽郡
永康
豫章郡
遂昌
松陽
臨海郡
N
臨川郡
永寧
安固
橫陽
吳興
東平
邵武
建陽
建安郡
建安
羅江
溫麻
將樂
延平
侯官
原豐
晉安郡
南康郡
歸屬不明
新羅
晉安
同安
新安、東陽、臨海、建安、晉安諸郡圖
（西晉太康四年，283）
州治
郡治
縣治
州界
郡界
比例尺(km)
0
100
200
300

圖 27　西晉東南五郡圖

這裡所謂「中國東南」涵蓋長江以南的安徽、浙西、浙江中南部與福建，約當西晉東陽、臨海、建安和晉安四郡。〔圖27〕從三國到隋，官修史書不同程度地記載華夏（或自認為華夏）政權對「山越」或「越人」的征伐，以納為編戶齊民，並且予以華夏化。陳弱水發現東南原住民相對於長江中游的蠻子，顯得人群更零散，地位更平等，缺乏大型、階層化的組織，不如蠻子猶有「夷王」之稱，中國史籍對其頭人只稱作「帥」。

和譚其驤一樣，陳弱水也著眼於土著的姓氏研究。比起宋以降的湖南，中古早期的中國東南沒有地方志可以憑藉，他遂窮盡史傳的個案記載，兼及少數考古出土資料，得出這一地帶土著取用漢式姓的概況，藉以考察山越原住民變成漢人（或中國人）的過程。

他發現有些姓氏具有地域獨特性，如長沙及其附近的大姓烝，江西的湛（諶）、修（脩）、喻、危、淡皆是。其次，早期華南黃、周、陳、吳四姓最普遍，除吳之外，其他姓之土著性格極強。就地域畫分來看，皖南與浙西的周、陳、吳、方、留、向、金、祖、紀、沈十個姓名，方、留、金、祖有很強的土著性格，向本是長江中游蠻人大姓，而紀、沈、周、陳、吳有可能是土著採取的漢人姓氏，而非全是華夏移民。

再往東南，浙江中南部土著十八姓，包含流傳甚廣的華夏大姓，如黃、王、許、徐、任，但留、斯、婁、樓、東陽、汪等姓氏則明顯具有在地性。同樣的，由於原本無漢式姓氏的土著在中國政權統治下接受漢化，可能採取常見的漢姓為姓。

至於遠離華夏勢力圈的福建，除上述陳、吳、方、黃、王等姓外，陳弱水分析鄭、林、謝、呂、詹、洪六姓，他認為詹、洪是東南本地姓氏，主要流行於皖南至閩北山區，林姓集中在福建，是具有東南土著性格的唯一大姓。鄭、謝和呂三姓常見於華夏，可能透過浙江中南部而傳入福建。

那些具有本地特色的漢式姓氏，其中由來或是怎麼認定猶待考察，然而即使是漢式，總還留下一些原住民的印記。至於那些取用純漢式姓的土著，幾代下來，都變成了漢人，一旦進入主流上層階級，便從古書尋找名人當作自己的祖宗，以增添自家的光采。

今日臺灣平埔族群後裔姓氏的由來，有更具體可靠的資料可以研究。至遲十八世紀以下，平埔族群紛紛開始採取漢式姓或逕用漢姓，新港文書可以追尋其取用的痕迹。

新港文書是西拉雅族人從荷蘭人學得拼音文字，以羅馬字母拼寫他們的語言，留存至今者主要是土地交易文書。羅馬字拼寫的資料還有物價表、荷蘭傳教士翻譯的《新約・馬太福音》以及對比的百家姓譜。土地交易文書分純原語拼音、純漢文和原漢對照三類，後者便是破解西拉雅平埔族群從原來的姓氏變成漢式姓或漢姓的鑰匙。

上世紀三十年代初，臺北帝國大學村上直次郎在臺南新港、卓猴、麻豆、大武壠、和屏東的下淡水、茄藤等地收集土地文書，超過百件，近年中央研究院院士李壬癸教授又增補約五十件，學界統稱作《新港文書》。[55] 以村上氏的原著為例，第十八號[56] 乾隆五十五年（1790），漢契曰：「立典契人新港社番厝姓礁巴李沙喃、文貴」，原語契作「tapari ti saram na daharongo」。〔圖28〕礁巴李（tapari）即是漢契所謂的「厝姓」，沙喃即 saram，文貴乃 daharongo 後二音節的漢譯（漢文要唸臺語）；而此契蓋有印戳「新

55 李壬癸，《新港文書研究》，臺北：中央研究院語言學研究所（2010）。

56 村上直次郎，《新港文書（Sinkan Manuscripts）》，臺北帝國大學《文政學部紀要・第二卷第一號》，昭和八年。臺北：捷幼出版社影印，頁36-37。

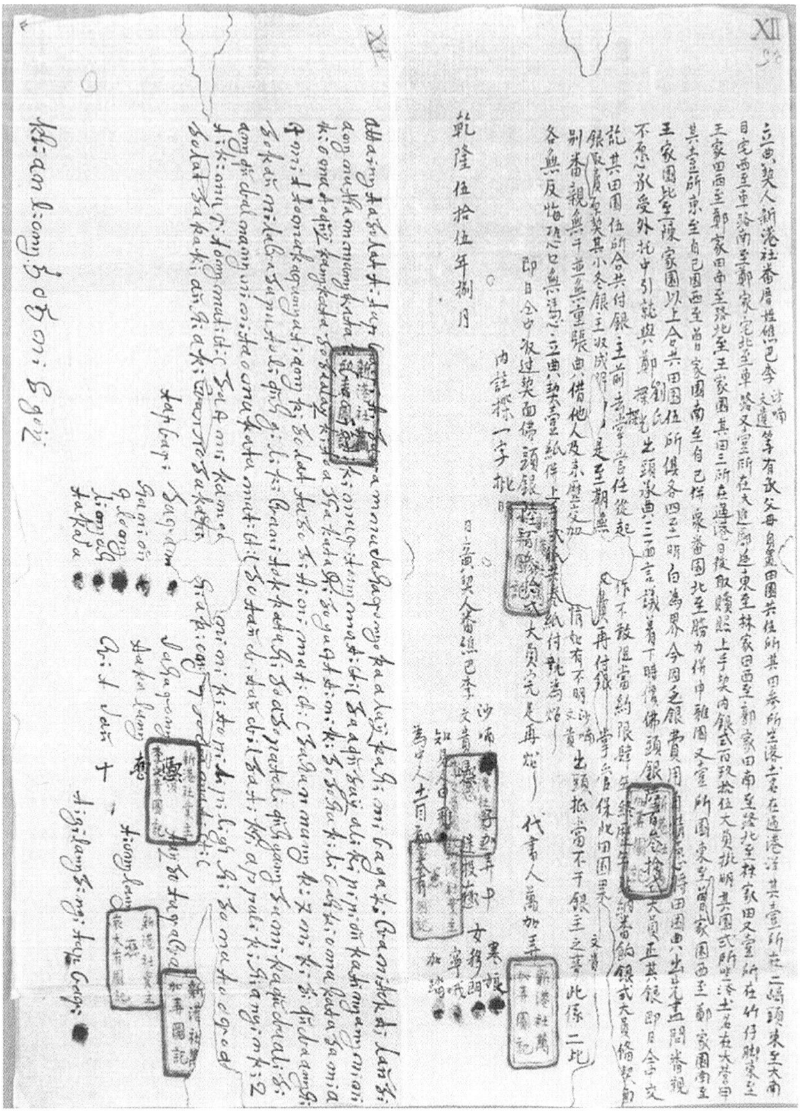

村上第 18 號（模寫版）

圖 28　村上直次郎第十八號

港社業主李文貴圖記」，可見厝姓 tapari 只取最後一音節變成漢姓「李」。tapari 可能是臺南許多姓李家族的由來吧，我一位祖居左鎮岡仔林的學長，也是著名歷史學家，他的祖先有名李文貴者，很可能就是此契的李文貴。

循此例，我們發現顏、王、萬、鄭、朱、余、岳、溫、高、尤、薛的「純漢姓」及机、穆、來、乃、毒、宜、白、兵、北、雙、六、力、月、標的漢式姓，都可以找到他們原來的西拉雅新港語拼音。[57] 如顏，原語作 gana；王，作 sagong；萬，作 talavan 等等，成為純漢姓。而漢式姓机，原語作 vangnikaki；穆，作 domoak；來，作 pogalaj 等。我推測中國，至少南方，原住族群姓氏之漢化，其軌跡可能也非常類似，只是史料湮滅，加上統治者意識形態之灌輸，和現實權與利的壓迫和引誘，原住的「蠻夷」遂逐漸數典忘祖，到最後都自認為華夏後裔，十足的漢族了。

57 參村上，上引書頁148-150，附錄「百家姓」；杜正勝，〈台南學與台灣史〉，國立臺南大學《人文研究學報》57期(2023.10)。

其實唐宋以來的漢化，不限於湖南，不限於中國東南，通長江以南大抵都經歷類似的模式；同時也不限於最近一千年，兩千年前甚至更早也已經開始。這種趨勢隨著「中國」的擴張而發展，一步步深化，只是各地先後進程有異罷了。到最後，只要被中國政權所統治，不只名義上，實質也都變成了「中國人」，「數典忘祖」遂為許多自稱炎黃子孫者的常態。

從設官統治到文化改造，再變成中國人，需要一段時間，城鎮和鄉村，平地與山區的進程都不同。史書設置州縣之記載，不過反映中國政權控制的點或線，至於廣大的面雖算是疆域，納入版圖，但是否都成為「中國人」了，恐怕大有探討的餘地。有人也許質疑，既然已在中國版圖內，不同於先秦古代，為何不算中國人呢？我們只問：晚於陳元光百餘年的韓愈，遭貶潮州，說「居蠻夷之地，與魑魅為群」，（〈潮州刺史謝上表〉）向唐憲宗哀求放他回去。[58] 唐帝國版圖內猶多蠻夷之地，而這位潮州父母官視其人民如同魑魅罔兩，當時那些潮州原住民，韓愈把他們當人看嗎？所以中國傳統文獻都把西南民族的名稱加上犬部，如廣東北部五嶺山中的傜作猺，廣西的僮作獞，視猶禽獸也。更奇的，進入二十一世紀，竟然還有一個中華民國總統親口對臺灣原住民說：「我把你們當人看」，中國傳統族群文化意識，「中國人」（漢人）高於其他各民族，遺毒之深，在我們面前還真的活生生地呈現。

此一改造趨勢，如果有足夠的資料，應該可以更細緻地建構蠻夷變成「中國人」的過程，至少時代比較晚近才產生改變的臺灣平埔族群，就能提供中國南方「蠻夷」漢化的參照。像湖南生蠻轉為熟蠻再變成漢人，以及政府利誘熟蠻征討生蠻的手段，清領時期的臺灣原住民都遭遇過。整體而言，臺灣同樣不脫離軍事征服、設官治民和文化改造的模式，這過程還挾帶著經濟剝削，我曾總結早期平埔族群是在剝削和壓迫中「漢化」或「文明化」，他們遂從南島語族變成漢藏語系的中國人，先後約莫走了三百年。[59]

所謂「文明」，基本上是按照征服者與統治者的標準。從臺灣的經驗，我們看到操

58 韓愈，《昌黎先生集》，上海商務印書館縮印元刊本，卷39。
59 參杜正勝，〈《番社采風圖》題解——以臺灣歷史初期平埔族之社會文化為中心〉，《大陸雜誌》96卷1-6期(1998)。

控經濟利益，判定社會是非對錯，規範道德和美學的準則，政治上軟硬兼施，繼之以風尚的壓力，使被征服、被統治者有意識或無意識中放棄祖先的文化。故自十七世紀以下三百年間，平埔族群原來的衣冠、服飾、語言、家族結構、社會組織、宗教信仰、人倫準則和審美方法完全改變，只零星地殘留一點痕跡。這個轉變模式，兩千年來的中國南方大概也不例外，只不知現代的中國人在史料不足的情況下，願不願意像近百年前的譚其驤或上世紀九〇年代以來的臺灣學界，敢於客觀地面對這個「中國化」的歷史課題？

成為中國人的過程，文化改造之外，創造歷史的手段也值得探究。中國人編織血緣聯繫網絡，以建構黃帝子孫的神話，而作為眾多中國人的祖源。由於政治的需要，利用黃帝神話建構中華民族的運動，在清末達到巔峰，關於這點早已有學者提出有力論述，[60] 本書在此著重探本溯源，考據傳統文獻，整理出「黃帝族譜」如下（表二）。這個本身充滿矛盾的系譜，其緣由固待考證，但百餘年來的確被賦予極大的現實政治作用。

夏、商、周既是三個朝代，也是三個民族，有他們的族譜，分別見於《史記》這三代的本紀，基本上來自傳世的《系本》（或稱《世本》），殷商還有甲骨卜辭的祀譜可以參證。夏商周本紀的始祖分別追溯到鯀、契和稷，再上去，戰國已有各種說法，互相矛盾，但還是湊出一個共同的祖先，那就是黃帝。這一層司馬遷說得比較含混，只講述契、稷誕生神話，一個是媽媽吞食鳥卵而孕，另一個的母親則是踏到巨人大腳拇指的足跡而有身。看來這兩位女子都尚未婚，所以是神之子，大概太史公自己也不敢太相信吧。

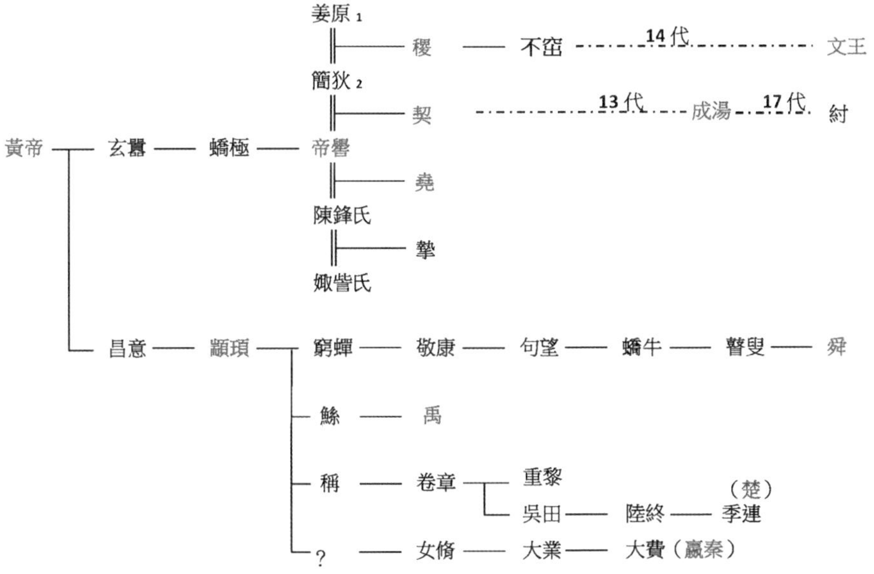

表二　黃帝族譜

60 沈松僑，〈我以我血薦軒轅——黃帝神話與晚清的國族建構〉，《臺灣社會研究季刊》28期（1997）。

先秦儒家的《禮記》所見的夏、商、周，不僅是三個不同民族，也是三種不同文化，由於成為共主的時代不同，遂構成一條時代序列。其實他們各有自己的祖先，依「民不祀非族」的傳統，周人不可能去拜殷商的先公或先王。大概到春秋戰國時代，他們的始祖卻變成同出一源，連堯、舜也算是一家。這個譜系的關鍵人物是《史記》五帝的第三位：帝嚳。（〈五帝本紀〉）

話說帝嚳娶四妃，各生育一子（至少），陳鋒氏女生放勳，娵訾氏女生摯，摯先立，不善，遭罷免（史書說「禪位」），弟放勳立，是為帝堯。帝嚳次妃簡狄，生殷契，即商人始祖；元妃姜原，生棄，是為后稷，為周人始祖。至於夏的始祖鯀，父顓頊；虞舜的父親瞽叟，上推五代也是顓頊，那麼，虞、夏都是出於顓頊。顓頊是黃帝之孫，帝嚳是黃帝的曾孫，於是五帝和三代始祖都成為同一家族的人。

這份譜牒之大體架構首見於《大戴禮・帝繫篇》，其世代之不合理，連帶造成的時間錯亂，三十多年前我討論先周歷史時已經辨證過了。[61] 譬如古書說堯嫁二女給舜，按照世系譜，堯長舜四代，那麼舜娶的是曾祖姑婆，天下竟有這麼荒唐的故事，但中國古之聖人這麼傳述，兩千年來中國人不論飽學之士或無知小民，也都深信不疑！何況按照這本族譜，年代最晚出的周人反而成為帝嚳元妃的長子，豈不透露這個世系是周人製作的嗎？很可能是春秋時期華夏集團整合到相當程度時的造說，到近現代卻變成摶聚中國意識的重要工具。

不限於華夏，即使南方的楚，公羊家謂之夷狄、孟軻謂之南蠻者，在〈大戴禮・帝繫篇〉和《史記・楚世家》也都納入華夏祖先的系統。楚的始祖季連是陸終第六子，陸終父吳回，吳回的曾祖是顓頊，上推兩代就接黃帝。顓頊又稱高陽，屈原自述身世的〈離騷〉開篇就說：「帝高陽之苗裔兮」。西方的秦原是戎狄，司馬遷〈秦本紀〉也把秦始祖安排做帝顓頊的苗裔，不過是母系罷了，謂始祖是顓頊之苗裔孫女脩，吞鳥卵而生子大業，於是繁衍出秦民族，故有祖先「鳥身人言」的神話傳說。總之都是神話世界的事，但始祖上接顓頊，再追溯到黃帝，原是戎狄的秦人也與華夏一家了。

61 杜正勝，〈關於先周歷史的新認識〉，《國立臺灣大學歷史學系學報》16期（1991），頁1-45。

秦、楚猶屬中國本部，至於本部之外的匈奴，《史記・匈奴列傳》說，先祖淳維是夏后氏之苗裔，司馬貞《史記索隱》引樂產《括地譜》補足太史公的概述，曰：「夏桀無道，湯放之鳴條，三年而死。其子獯粥妻（作動詞解）桀之眾妾，避居北野，隨畜移徙，中國謂之匈奴。」他又說：淳維蓋與獯粥是一也。匈奴始祖既是夏桀之子獯粥的後人，當然從夏民族這條線可以連上顓頊和黃帝。後來更擴大，黃帝的苗裔甚至遠及海外，《梁書・東夷傳》說：「倭者，自云太伯之後。」泰伯是周文王的大伯父，周是帝嚳和黃帝的後裔，那麼日本的倭人豈不也成了炎黃子孫嗎？

現代的「中華民族」就是這樣構成的，這是儒家經典和正史記述的「中國人」來源，但經過以上的史料批判解析，適足以證明強調血緣種姓的民族觀是一條死路。當今一些中國人動輒喜歡指責人家數典忘祖，他們應該先好好研讀古代經典，當能知道宣稱中國人是黃帝子孫的說法，實屬神話式的虛構。如果還仔細考察地方史料的話，恐怕會發現更加出人意料之外的事實吧。

最後，我談談關於數典忘祖的田野見聞。我在中央研究院認識一位朱姓學者，研究中國思想哲學，崇拜朱熹，以為自己是朱熹的後人。但九〇年代臺灣本土思潮興起後，他才發現自己是平埔族。九〇年代後期我曾在臺南沿山地帶從事平埔族群田野調查，到過臺南縣關子嶺下仙草埔，在朱姓學者老家三合院遇見他的堂兄，看見前埕放一塊數日前他才從田裡掘出的石製大墓碑，寫著清乾隆年間墓主名朱某某，但幾位孝男的名字都是漢字注音，明白顯示是平埔族。依其地望，此家當屬哆囉嘓社，後來以漢人的「朱」做為姓氏。比對《新港文書》百家姓，應是 Dongso，取尾音簡稱 so。這是這個家族姓朱的由來。

第4章

天下之中的建構

「中國」、四方與天下

本書第二章論「原中國」，曾引述《史記・貨殖列傳》唐虞、殷、周建都的河東、河內和河南，總稱「三河」，即今日晉、陝、豫三省黃河矩形拐彎及其延伸之地帶，位「在天下之中」。我們說過這是「中國」之「中」，而「中國」的取義，也多是作為天下中心的意思。

甲骨卜辭雖然未見「中國」一詞，卻有「四土」和「四方」，有時各別稱作「南土」、「西土」，陳夢家釋「四方受禾」、「四土受年」的卜辭云：四方對大邑，四土對商；大邑和商都指大邑商，即殷商政治中心的首都。[62] 換成西周的詞彙就是等同於王畿的「中國」。

今日所見關於「中國」兩字的資料，年代最早者當推上世紀六〇年代陝西寶雞發現的周初銅器𣄰（何）尊〔圖29〕和《尚書・周書》〈梓材篇〉。由於出土考古史料極具權威性，論者往往截取此銘的「中國」二字而推衍議論，說作為國家名稱的「中國」在西周初已經出現了。但如果回歸銘文全篇的敘述，便發現這種說法並不符合原文意旨。故這裡不憚其煩，將全篇銘文抄錄於下，以便分析。（行款依原銘、古字易今字）（圖30）

圖29　何尊

圖30　何尊銘文

62 陳夢家，《殷虛卜辭綜述》，北京：科學出版社（1956），頁319。

何尊銘文[63]曰：

唯王初遷宅于成周，復亩（稟）
武王禮，福自天，在四月丙戌，
王誥宗小子于京室，曰：「昔在
爾考公氏，克逨（來）文王，肆文
王受茲「大命」。唯武王既克大
邑商，則廷（筵）告于天，曰：余其
宅茲中國，自之辪（乂）民。嗚
呼！爾有唯小子無識視于
公氏，有爵于天，徹命。敬
享哉！」唯王恭德裕天，順（訓）我
不敏。王咸誥。⿺尢可（何）錫貝卅朋，用作
□公寶尊彝。唯王五祀。

銘文記述成王五年，成周營建完竣，王初遷來新都城居住（遷宅），再用武王的典禮，舉行灌祭（福）。四月丙戌這日，成王訓誥宗小子[64]：記取他父親能勤勞文王受天命之事。成王提到武王既克大邑商後，就用竹片（筳）占卜，向天禱告，說：

> 余其宅茲中或（國），自之辪（乂）民。

我將要住在這中國，從這裡治理人民。其，含有希望、意欲，將如何之意；「或」，早期金文的「國」字，後來才加上外面的口，意指圍牆，而寫成「國」；乂，治理也。周武王興起於陝西的周原，文王稍往東遷都於豐，武王都於鎬，皆在長安附近。後來武王

63 亩，銘文字跡不清晰，從唐蘭考釋，即稟，猶動用也。「福自天」，福，灌祭也。天，指天室，位於今河南登封告成鎮（詳見下節：天室與地中），下文「筳告于天」，同。參看唐蘭《西周青銅器銘文分代史徵》，北京：中華書局（1986），頁73-79。

64 從銅器銘文通例，這個「宗小子」當是製作此銅器者，他的名字叫「何」，與成王同宗，「小子」是身份，也是職官。據考，小子地位在司徒、司馬、司空之下，可能與師氏相當，其職務往往與武事有關。參張亞初、劉雨，《西周金文官制研究》，北京，中華書局（1886），頁47。

克殷，成為天下共主，關中位置便失之偏僻，所以考慮定都於洛陽，便於朝會諸侯。何尊銘文紀錄周成王述說他父親在天室卜告欲遷建新都的期望，可說是最權威的第一手史料。。武王口中的「茲中或」（此中國）即是成周，在今河南洛陽。他生前計畫營建作為新都，但很快病逝，周公繼承遺願，由召公實際負責執行完成後，周成王才遷居於此。成王採用武王禮，舉行灌祭，為武王遺願留下完美的句點。

成周之營建，《周書・召誥》有詳細的記載。太保（召公）先來相宅，時間定點是「三月，惟丙午朏。」朏乃眉月初見，即初三，〈召誥〉的干支於是就可推算日子。三月朏的第三天戊申初五，太保至于洛，卜宅；又三日庚戌初七，以殷遺民「攻位於洛汭」，在洛水拐灣處建城，第五天甲寅十一日位成。翌日乙卯十二日周公至于洛，「達觀于新邑營」，巡視考察這個新建的都城；第三天丁巳十四日，周公「用牲于郊」，舉行郊天祭；翌日戊午十五日，「乃社于新邑」，祭新都城的社神；第七天甲子二十一日周公向殷的眾侯、甸、男邦伯發表文書告示（用書命）。接著就是何尊銘文所說，成王「初遷宅于成周」，在四月丙戌，即四月十三日，對宗小子講武王建都成周的構想，現在終於完成。

據《周書．洛誥》，建築洛邑的雖是召公君奭，但規畫推動新都營造者則是周公旦，故由他來主持郊天祀社大典，傳統說周公營成周，並沒有錯。成周是西土周人代殷商為天下共主後，統治東方的都城，因為不論最早在岐山下的周原，或文、武二王遷建的豐、鎬，都離黃淮平原的諸侯國都太遠，不利於掌控大東方。

近人討論「中國」一詞何時出現，往往引證何尊，認為在西周早期，後世意義的「中國」已經存在。其實何尊銘文已很清楚地告訴我們，「茲（這）中國」是指成王講話的所在地成周城。從文字學看，金文「或」字由口、戈組成，口象形圍墻，代表人居住的地方，如金文的「邑」，圍牆之下一個卩（坐姿的人），表示是有圍墻的聚落；口加上「戈」，是武器捍衛聚落。後來在「或」的外面加一個大口，寫成「國」，又多了一層圍墻。

「國」的本義只指城而已，和包含一大片領域的「邦」不同。金文「邦」字，一邊作樹的象形，或樹種在高壘的土地上，另一邊是邑，或者作人種樹狀。邦的重點是有樹林的封疆，封字取「邦」的一邊，另半作「手」（寸）或人屈身植樹之形，都強調有人為的疆界，這才是後世意義的國家。[65]〔圖31〕另外還有其他文獻訓詁學的證據，如《大雅・民勞》所說：「惠此中國，以綏四方」，與「惠此京師，以綏四國」成對，毛《傳》說：「中國，京師也。」城邑和封疆之別，正如點和面，只要考察西周時期的用語就可明白，所以今天要探索作為國家疆域的「中國」的起源，何尊的「中或（國）」並不適用。

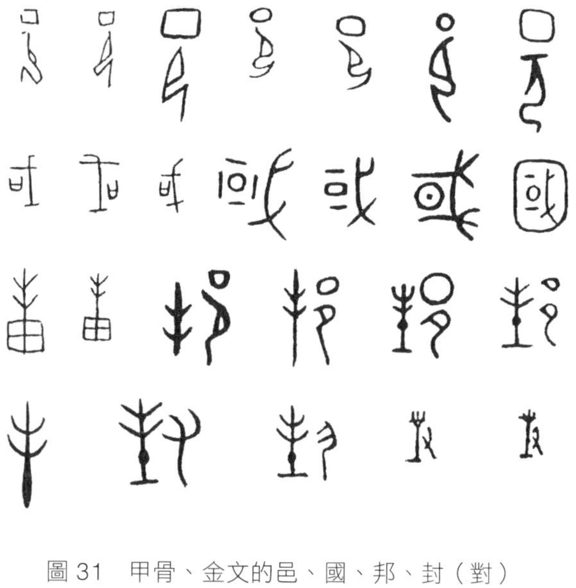

圖31　甲骨、金文的邑、國、邦、封（對）

不過，西周文獻講的「中國」有時也指周王直接統治的領域，即王畿。和何尊年代相近的《周書》〈梓材篇〉記載周公的訓示，他對康叔封說：先王（指文王）「既勤用明德」，得到輔佐，「庶邦享作，兄弟方來。」「邦」指周同盟的諸侯，眾邦來共同祭享；「方」代表遙遠的國家或異族，兄弟方指友善的外族，都來朝會。「方」和「邦」層次分明。〈梓材〉接著又說：

皇天既付中國民越（與）厥（其）疆土于先王，

這個「中國」指周王的直接統治區，不是包含眾邦的天下，因為皇天付給文王的人民和土地只王畿（關中）而已。所以當時的天下觀念分成中國——庶邦——兄弟方（友善外族），這也是實際的天下秩序。

皇天付予文王的「中國」就是周邦，如西周後期大克鼎銘曰：

保辥（乂）周邦，畯尹四方。[66]

65 參杜正勝，《古代社會與國家》，臺北：允晨文化（1992），頁450-453。
66 以下引用的金文，參看郭沫若，《兩周金文辭大系圖錄考釋》，北京：科學出版社（1957）；陳夢家，〈西周銅器斷代〉，《考古學報》第九至十四冊（1955-1956）；白川靜，《金文通釋》，東京都：平凡社（2004-2005）。

「周邦」和「四方」相對。西周晚期詩《大雅・桑柔》曰：

> 降此蟊賊，稼穡卒（盡也）痒（病也）；哀恫（痛）中國，具贅（連屬也）卒荒。

哀痛飛蝗吃盡農作物，導致飢荒，影響最大的當然是京城外的田野，一直到封疆邊界，這個「中國」的範圍等同於周王畿。可能作於西周早期的《大雅・蕩篇》，述文王數說殷紂王的惡行說：

> 女（汝）炰烋于中國，斂（聚也）怨以為德。

炰烋，毛《傳》云：彭亨也（似近於臺語的「膨風」）；鄭《箋》說：自矜氣健之貌，或即今天說的目空一切，得意洋洋之狀。又曰：

> 內奰于中國，覃（延也）及鬼方。

嬰，音備，毛《傳》：怒也。紂王對內招怨中國，怨氣外擴到遙遠的鬼方。這個「中國」也應指商王畿，相對於甲骨卜辭的「四方」。

《詩》《書》和西周金文常見「四國」一詞，《豳風・破斧》曰：「周公東征，四國是皇」，皇，毛《傳》云：匡也。四國指東土的諸侯城邦，詩謂周公征伐過後都加以匡正了，即不敢再反抗周。周公東征後西歸，返回宗周鎬京，召集天下諸侯訓話，開口就說：「告爾四國多方」，誥辭見於《周書・多方》，「四國」和「多方」連言。

《曹風・下泉》是讚美郇伯勤王的詩，勤王者，諸侯對周王提供兵役和傜役，故前三章一再哀歎，詩曰：

冽彼下泉，浸彼苞稂；
愾我寤嘆，念彼周京。（第一章）
冽彼下泉，浸彼苞蕭；
愾我寤嘆，念彼京周。（第二章）

冽彼下泉，浸彼苞蓍；
愾我寤嘆，令彼京師。（第三章）

冽，寒涼也；下泉，泉下流者，謂高處流下來的泉水寒涼冷冽。苞，草叢生也；稂，莠草；蕭，蒿也；蓍，筮草。往下流的泉水浸泡成叢的莠草、蕭蒿和筮草。每章上半截兩句都是詩的「興」：凜冽寒泉之侵蝕叢草，象徵服役之苦，於是引起下兩句一再的浩歎。愾是嘆息聲，寤，語詞，寤嘆即嘆。令彼周京，謂周京下達的命令，什麼命令呢，末章云：

四國有王，郇伯勞之，

有王即勤王，四國勤王，謂天下諸侯都派人到周都服役，故周王令郇伯來慰勞。此詩「四國」與「周京」（京周）「京師」相對，指奉周王為共主的華夏諸邦。其他如《小雅》〈十月之交〉的「四國無政，不用其良」，〈雨無正〉的「斬伐四國，昊天疾威」；〈青蠅〉的「讒人罔極，交亂四國」，這些「四國」都是此義。

現在收藏在臺北故宮博物院的毛公鼎，鑄有長篇銘文，記錄周宣王冊命毛公厝，其中有一段說：

用印（綏也）卲（紹）皇天，𤔲[illegible]（緟繆）大（天）命，康能四或（國），俗（欲）我弗乍（作）先王憂。

緟繆，原文古字，茲從郭沫若、白川靜釋文隸定，有增益，緟繼之義。[67] 宣王嘉勉毛公之輔佐，使他能延續皇天的旨意，牢牢保有天命，使四國諸侯臣服，以免先王在天上擔憂。宣王之父厲王所作的㝬鐘，銘末祝禱辭說，「㝬（厲王自稱）其萬年，畯（畯）保四國」，祈求自己長命百歲，好好保住四國，即保有天下共主之位。

「四國」往往與「四方」並稱，上引毛公鼎「四國」，同篇銘文也有「𤔹𤔹（亂貌）

67 以下引用的金文，不再一一注出處，分別參看郭沫若，《兩周金文辭大系考釋》，毛公鼎條；白川靜，《白鶴美術館誌第三〇輯》（1970），收入《金文通釋》3下（2004）。

四方，大從（縱）不靜（靖）」的文句。《大雅・崧高》「維周之翰」，記述周宣王封申伯於謝，勗勉申伯作為周邦屏障，並護持天下諸邦，詩人乃曰：

四國于（為也）蕃（藩），四方于（為也）宣（垣）。

四國作為周的藩籬，四方作為周的牆垣，都是屏障的意思。四國、四方之連言與上引《周書・多方》的「四國多方」相同。

周宣王期勉毛公輔佐他「康能四國」之外，更多的職責是「辥（乂）我邦我家內外」，「弘我邦我家」，「無使喪我或（國）」。毛公鼎銘曰：

無唯正聞，弘其唯王智，廼唯是喪我或（國）。

不要讓王不聽臣子的意見，只憑一人之智而治理國家，以至於滅喪周王國。我家、我邦、四國，一層層往外擴充。

《詩》《書》和金文常見的「四方」，《大雅》有不少例證，如〈大明〉曰：

天位（立）殷適（敵），使不挾（達也）四方，

上天立殷的敵人周，使不達於諸侯邦國，不得為天下共主。相反的，〈皇矣〉說：「帝作邦作對，自大伯、王季」，對，一般釋作顯揚，謂上帝顯揚周邦，從泰伯、王季兄弟開始。但金文「對」字同「封」，（參照上圖31）謂上帝「作邦作封」亦可。泰伯讓位，王季友敬，「因心則友，則友其兄，則篤其慶，載錫之光」，得到上帝賜予的光顯，「受祿無喪，奄有四方」。上帝又幫助文王攻克崇國，「四方以無拂（違也）」，四方都不敢違逆周侯。〈下武〉曰：「受天之祜，四方來賀」；〈文王有聲〉曰：「四方攸同，王后維翰」，到文王時，四方諸侯歸順，多站在周這邊，作為周的屏障。

《周書》的「四方」，如武王伐紂時，牧野軍前誓師的〈牧誓〉數落商紂王的罪行，有一項：

乃惟四方之多罪逋逃，是崇是長，是信是使。

諸侯邦國的罪犯逃到殷商王畿，紂王多予以重用，可見他的無道。〈金縢〉記武王病危，周公祈禱祖先的祝詞，說他願代武王而死，因為他比武王「多材多藝」，「能事鬼神」，應該讓他去服事祖先，讓武王留在人間，才能：

敷（溥）佑四方，用（以也）能定爾子孫于下地；四方之民，罔不祇（敬也）畏。

周公禱告祖先，發（武王）能普佑四方，能使您們的子孫在人世間（下地）安安穩穩，也能使四方人民莫不敬畏我們周國。康王時代的大盂鼎銘追述武王功業，稱贊他「匍有（敷佑）四方，畯正厥（其）民。」這些文獻可證「四方」和「四國」一樣，都是站在共主的立場對於天下諸侯的詞語，和周王直接統治的周邦、王畿不同。

上文所論的天下五服制，「來貢」、「來王」者，大概都屬於「四方」。西周後期虢季子白盤銘曰：

> 丕（大也）顯子白壯武，經維四方，博（搏）伐玁狁（嚴允），于洛之陽，折首五百，執嚇（訊）五十。

訊，俘虜；嚴允，文獻作「玁狁」，周西北方的異族。虢季子白攻打嚴允，在今陝西北洛水的北岸，打了一次勝仗，斬首五百，俘虜五十。壯武的子白「經維」的四方，當然包括周邦之外的西北地區。宣王時代的兮甲盤記錄五年三月，兮甲從王伐嚴允，立功受賞，王又曰：

> 王令甲政（征）辭（治）成周四方責（積），至于南淮尸（夷），

宣王命令兮甲到成周徵收四方賦稅，遠及於南淮夷，大約到今日河南南部、安徽北部了。春秋末的晉公蠤（形似大盆之器）的銘文說，晉公追述：

皇祖唐公（膺）受大命，左右武王，□□百蠻，廣辭（治）四方，至于大庭。

「百蠻」上面缺兩字，參證秦公簋和秦公鐘的「虩事蠻夏」一語，應該與「虩事」相近，謂威使百蠻而廣治四方也，可見「四方」包含百蠻。不過，「四國」卻未見涵蓋蠻夷戎狄的詞例，猶如秦公器「蠻夏」的夏，不包括蠻，「四方」則更強調遙遠的四裔。所以「四方」和「四國」即使通用，還是有別，可見《國語・周語上》祭公謀父所講的五服制，正和西周金文與其他西周文獻相符，「四國」只指侯服、賓服，「四方」則連要服和荒服都包含在內。

總之，西周的詞彙，「中國」指王都，也可指王畿，服從於周共主的諸侯邦國稱「四國」。「四國」依其相對於周都的方位，分東國、南國、北國，皆指該方位的諸侯。西周「四國」等同於春秋的「華夏」、「諸夏」、「諸華」；不過西周沒有「華夏」的說法，也很少包含諸侯的「中國」。春秋講「華夏」，不講「中國」，至于以「中國」代替「華夏」則是戰國的用法。「四國」也可以說「四方」或「多方」，但「方」除諸侯外，更側重於涵蓋蠻夷戎狄，「四國」則不具如此的廣義，所以不臣服的蠻夷稱為「不廷方」，沒稱作「不廷國」。至於「天下」一語，包羅所有的國家，到戰國才常見，卻成為後世通俗的用語。

土地之中

世界上很多民族的自稱，語意多是「人」，意味只有我族才是人，他族不是；世界上很多民族，也認為我族居處之所才是土地的中心，他族都在邊緣。當然，二者都是偏見。大約西元七百年，阿可夫主教（Bishop Arculf）訪問耶路撒冷，見城中心聳立一幢高柱，當地人告訴他，這是大地的中心。

丹尼．貝理（Denis Baly）的《聖經地理》認為此乃古老流傳之說，因為自古以來，耶路撒冷又稱姆法羅斯（Omphalos），意即「地臍」或中心，世界的次序由這裡算起，陸續傳送到「住在地儘邊的人。」正如《舊約．以賽亞書》先知說的：「耶和華殿的山必堅立，超乎諸山，高舉過於萬嶺，萬民都要流歸這山，必有許多國的民前往。」（二章二、三節）這是猶太人的觀點，因為《聖經》的關係，也影響到以後的基督徒，近世以前的世界地圖即以耶路撒冷為中心。但不同民族文化則另有中心，據貝理丹尼說，希臘的德爾菲（Delphi）及阿拉伯的麥加（Makkah）都有類似地臍的概念；中國當然也有，但不是他所說的北京。[68]

雖然同有「地臍」或「土地中心」的概念和思維，因為歷史傳統不同，文化憑藉與語言表達自然有異。中國很早就產生天圓地方的觀念，土地的中心謂之「地中」，中國人試圖尋找合乎自然的合理解釋，發展出一套頗為複雜的技藝並且付諸實行。

關於「地中」的紀錄與論述，始見於戰國時代，《周禮．大司徒》說：

以土圭之灋（法）測土深，正日景（影，下同），以求地中。日南則景短多暑，日北則景長多寒，日東則景夕多風，日西則景朝多陰。

土，音義同「度」，土圭，一種度量長度的玉圭形儀器，《考工記．玉人》說：「土圭尺有五寸，以致日，以土（度也）地。」致日即〈大司徒〉的測量日影，鄭司農說，在植圭之下鋪一條八尺長的影表，以度量投射在地上的日影。這些尺寸都按漢尺計算，故土圭約合三十五公分，影表一百八十四公分。中國地處北半球，中原約在北緯三十四至三十五度左右，夏天太陽北移，圭影短，冬天太陽南移，圭影長。

以上是綜合研判舊注的解說，我們認為上引〈大司徒〉的「日南」、「日北」，不能從字面解。按鄭玄注云：「景短於土圭謂之日南，是地於日為近南也；景長於土圭謂之日北，是地於日為近北也。」日南，夏至影最短，正如賈公彥所說：「日至之景，尺有五寸，以其在上臨下，故最短也。」（《考工記・匠人》疏）太陽在土圭之上，就是往北半球移動到極限，鄭玄說的「地於日為近南也。」日北則是太陽南移，「地於日為近北也。」另外〈大司徒〉的「日東」「日西」，應該是以土圭測日出日落，如《考工記・

68 貝理丹尼著，呂榮輝譯，《聖經地理》（Denis Baly, *The Geography of the Bible*, 1974），香港：基督教文藝出版社（1987），頁3。關於Bishop Arculf的故事引自Thomas Wright編的*Early Travels in Palestine*, London: H. G. Bohn (1948)。按，Omphalos，呂榮輝譯作「意即地臍」，據《舊約・士師記》9:37英譯作The center of the land，即是「地中」。

圖 32　周公測景臺

匠人》說的：「為規，識日出之景與日入之景，晝參諸日中之景，夜考之極星，以正朝夕。」規是晷儀，度算時辰，而〈大司徒〉並言之，或即〈匠人〉「晝參諸日中之景」的意思。「景夕」「景朝」，鄭司農說：「景夕謂日跌，景乃中立表之處，大東近日也；景朝謂日未中，而景中立表處，大西遠日也。」午後太陽傾側，景投到立表處謂之「景夕」，如未到中午而投向立表處則是「景朝」。如何「中」，不可解。鄭玄解釋「東於土圭為東，是地於日為近東也；西於土圭為日西，是地於日為近西也。」地於日的距離當指太陽在東西半弦形天空的位置。

《周禮・土方氏》也說：「掌土圭之灋（法）以致日景」，鄭玄注：「夏至景尺有五寸，冬至景丈三尺，其間則日有長短。」夏至到冬至半年間，土圭日影從最短的一尺五寸延長到最長的十三尺；冬至到夏至這半年間日影則從最長縮到最短。《後漢書・律曆志》引述相同，成為後世的通說，其他資料只有微小的差異而已。[69]

〈大司徒〉又說：

日至之景，尺有五寸，謂之地中。

一尺五寸的土圭夏至之日影長度亦一尺五寸，要在特定地點才會出現這種情況，這個特定地點就是「地中」，據鄭司農說，只有潁川陽城才符合這條件。舊說西周初的周公旦找到陽城來，並且植立土圭以測日影，這就是後世所謂「周公測景臺」的根源。據上節引述的何尊明文，武王自天室舉行灌祭，就是在這個地方。六世紀初酈道元的《水經注・潁水》記載，陽城故城南有「周公以土圭測日景處。」土圭可能已毀，但遺跡猶存，

69 參董作賓，《周公測景臺調查報告》，長沙：商務印書館（1939），頁30-32。

西元六七九年唐高宗「命太常博士姚玄於陽城測景臺依古法立八尺表，夏至日中測景尺有五寸，正同古法。」[70]夏至一尺五寸的土圭影長要正午時測量才算數。漢唐相傳的周公測景臺在今河南登封告成鎮〔圖32〕，二十世紀三〇年代董作賓曾前往調查，撰寫報告，對中國土圭測影的科學技術和文化思維考證得很透徹。

據《後漢書・律曆志下》，在二十四節氣的定點日，天文官記錄土圭儀表所測得的晷景，冬至丈三尺，小寒丈二尺三寸，大寒丈一尺，依次遞減，到夏至這天影長尺五寸，爾後又逐次遞增，冬至前的大雪長丈二尺五寸。這些都是在陽城實測獲得的數據。以陽城作中心，後世不止一個朝代都曾選擇南北不同地點，實測日影長度，證實冬夏二至南北的晷影皆不相同，鄭玄概括說：「凡日景，於地千里而差一寸」，（〈大司徒〉注）各地晷影差度顯現地點的距離，影差一寸，地隔千里。唐代雖對鄭玄有所修正，但日影長短和地點南北存在相應關係則無異議。[71]所以根據各地日晷與陽城的差度可以推算距離陽城的里程，而確定其地理位置；周公測景臺可以說是經緯度地圖出現以前，中國傳統測繪地圖的基準點，難怪會被當作「地中」。

〈大司徒〉又深進一層論述「地中」的文化意義，說這裡是：

天地之所合也，四時之所交也，風雨之所會也，陰陽之所和也；然則百物阜安，乃建王國焉，制其畿方千里而封樹之。

「地中」建都，因為天地在這裡會合，四時在這裡交接，風雨在這裡會聚，陰陽在這裡調和，百物得以豐厚安頓，故成為千里王畿的中心，也是天下的中心，自然成為最適合建都的地方。顯然「地中」不只具有政治意義而已，這是一個富含神祕力量的聖地。

「中國」範圍內，符合圭長一尺五寸而夏至當午日影長度也是一尺五寸的地方，只有陽城，所以陽城便是「地中」，便是「中國」之中心。陽城不只自然現象特殊，古來傳說也顯示這裡是古代聖王的首都。

70 《嵩高志》引《通典》，據董作賓上引書，頁27-28。
71 董作賓上引書，頁30-37。

孟子說：「禹避舜之子於陽城」（《孟子・萬章篇》），《竹書紀年》曰：「禹居陽城」，或作「禹都陽城」，居、都意思相近。唐朝顏師古引述另一傳說云：「堯曾遊于陽城」，（《漢書・楊雄傳》注）活到百二十八歲才逝世，葬於此地。（《莊子・逍遙遊》成玄英疏）地理上，陽城座落在嵩山之南、箕山之北，潁水流過。孟子又講禹死後，「益避禹之子於箕山之陰」，其實就在陽城。

儒家古聖王傳說之外，陽城也和道家高士密切相連。《莊子・讓王篇》說，堯讓天下於許由，由不受；晉皇甫謐的《高士傳》還有許由洗耳於潁水濱，巢父牽犢不飲其水的故事。道家和儒家一樣宣揚禪讓，說堯想把帝位讓給許由（應該是傳位給舜以前的事吧），清高的許由覺得耳朵受到污染，遂跑去潁水邊汲河水洗耳。這時他的朋友牽一頭小牛，正從下游走過來，問許由為何清洗耳朵，許由把堯讓位給他的話述說一遍。巢父聽了，吆喝小牛，趕上岸，怕小牛飲許由洗過耳朵的潁河之水，也受到污染。這簡直是一場隱士清高競賽，可把儒家傳說都比下去。

總之，陽城是一個神聖又高潔的地方，酈道元注解《水經》潁水這部分，不但綜合這些故事傳說，還記錄傳說留下的地景，他說：

昔舜禪禹，禹避商均，伯益避啟並于此，亦周公以土圭測日景處。……縣南對箕山，山上有許由冢，堯所封也。故太史公曰：『余登箕山，其上有許由墓焉。』山下有牽牛墟，側潁水有犢泉，是巢父還牛處也，石上犢跡存焉。又有許由廟，碑闕尚存，是漢潁川太守所立。（《水經注・潁水》）

儒道兩家所講的故事，後人都一一給他們落實，於是留下許多古蹟，有許由墓、巢父牽牛墟、巢父牽還小牛的犢泉，石板的牛蹄印痕還依稀可見。至於立在許由廟的石碑和廟前的石牌坊則有名有姓，是漢代潁川太守所建，可惜沒把太守的姓名記下來。

不論是隱遁的道家或經世的儒家人物以及民間故事，長年以來，從這個相信具有超自然力量的「地中」流傳到中國各地。

天室與地中

陽城測景臺既有周公旦「度景求地中」的傳說，（〈大司徒〉賈公彥疏）當是歷來的聖地，周武王滅殷之後，曾在這裡行大封禮，以告示四方諸侯，並且祭祀文王和上帝。當時一件青銅器天亡簋（一稱大豐簋。）就記述這件事。銘文說：

> 王又（有）大豐（封），王凡（風，諷告也）三（三之省文）方。王祀于天室，降，天亡又（佑）王，衣（殷）祀王不（丕）顯考文王，事喜（熹）上帝。文王監才（在）上，不（丕）顯王乍（作）省，不（丕）肆（威儀也）王乍（作）庣（賡），不（丕）克三（乞，訖也）衣（殷）祀。

天亡簋的疏解，本文擇取諸家解說，[72] 求文通字順以復原歷史情境。「王有大豐（封），王風（諷）四方，事喜（熹）上帝」，豐讀作封，風讀作諷，喜即熹，燒柴燎天之祭典，皆取郭沫若說。「丕克乞（訖）衣（殷）祀」，乞讀為訖，止也，取陳夢家說；衣，讀作殷，是常識，二句講武王終止殷商的天命。「衣（殷）祀王丕顯考文王」，合為一句，殷祀者豐盛之祭祀也，《公羊傳》文公二年說：「五年而再殷祭，」可證。接著「丕顯王作省，丕肆王作賡」，丕顯之王指文王，丕肆之王指武王，肆，具威儀也，參白川靜通釋。武王在天室舉行盛大祭典祀其父文王，祡燎上帝。上引何尊銘曰：成王「復亩（稟）武王豐（禮），福自天。」天指天室，可以從天亡簋得到佐證，所以這句話唐蘭釋作「還用武王的典禮，舉行福祭，從天室開始。」這兩件銅器銘文告訴我們周初開國時，武、成二代都在天室舉行盛大祭典，由此可見天室具備的宗教神聖性。

天室不僅是祭祀的聖地，也關於政治，適合考慮建都。武王臨終時特別召來周公交待後事，叮嚀營建的新都不能遠離「天室」。此一重大決策，《逸周書・度邑篇》有很生動的記載，深刻反應古代對於天室的觀念。〈度邑篇〉文字古雅，頗近《周書》誥辭，絕非戰國或更晚的造說，司馬遷曾大量引用，寫入〈周本紀〉。

---

72 參郭沫若，《兩周金文辭大系考釋》，大豐段；陳夢家，〈西周銅器斷代（一）〉，《考古學報》第九冊（1955）；白川靜，《金文通釋》一（上），東京：平凡社（2004）；唐蘭，《西周青銅器銘文分代史徵》，北京：中華書局（1986），頁11-16。

話說周既克殷，邦君諸侯、九牧之長以及大族長老（獻民）覲見武王於殷都。會見後，武王又登上汾丘，望商都，嘆息紂王一夕亡國，囑咐大家慎引為誡，不可遺忘此一歷史教訓。返回關中的周都後，通宵達旦，不能成眠。服侍在旁的小子急忙告知周公旦，周公奔來，請問何以不能寐？武王說：

> 嗚呼，旦，維天不享于殷。發之未生，至于今六十年，夷羊在牧，飛鴻滿野，天自幽，不享于殷，乃今有成。

武王稱呼弟弟的名字，然後說：上天不受殷國祭享了。自我尚未出生時，以至于今前後六十年，大約曾祖太王以下，這期間殷國趨於衰敗，以至怪物夷羊出現在郊外林牧中，飛蟲滿天遍野，顯示上天自我幽閉，不再關心殷王領導的天下，不享用他們的祭品，所以我們才有今天的成果。

殷史足以為鑑，武王說：回顧殷商建國時，「厥徵天民名三百六十夫，弗顧亦不賓（擯）威（滅），用戾（至）于今。」商人當初起用很多賢者，後來上天即使不照顧，因為底子猶厚，還不至於擯滅，所以殷命又延續了六十年，以至於今。但武王想不到周剛剛建國，他就病倒，憂心如焚，「憂茲難近，飽于卹（憂也）。」因為：

辰（時也）是不室，我未定天保，何寢能欲（安也）？

不室，即不宅，何尊「王初遷宅」和〈召誥〉「卜宅」的宅，指建都。天保者，上天的保固。直到這時，都城尚未決定，致使上天的眷顧也未確定，我哪能安心就寢呢？於是武王對周公說：

旦，予克致天之明命，定天保，依天室。

我既完成皇天賜予統有天下的命，為確保上天的福佑，建都應當依近天室。可見首都靠近天室，和保有天命維持共主地位的關係至為密切。

然而建都工程尚未啟動，武王已經病危，為確保自己的遺願能夠完成，於是要傳位給周公，託付以卜宅建都的重任。〈度邑篇〉說，武王告訴周公，「惟二神授朕靈期，予未致于休，」清儒朱右曾釋作「夢神示以殂落之期，恐不能致于休嘉。」[73]古人相信個人生命來自祖先，故西周多有向祖宗神靈祈壽的銘文[74]，陳逢衡以為「二神」係王季、文王是合理的。[75]武王擔心不能成就的美好（休嘉），應該是指建都之事。但自己壽命將盡，而兄弟中只有周公旦最「明達」，傳位給他才能完成自己的遺願。這番話周公聽得惶恐不已，「泣涕于常（裳），悲不能對。」淚水流濕下裳，悲傷得說不出話來。

武王乃對周公曉以大義，說服他接任王位。武王說：

昔皇祖底（至）于今，勖厥遺得顯義，告期付于朕身。

從皇祖到現在，我們家族獲得光顯，祖先的功業託付在我身上。

肆若農服田，饑以望穫，予有不顯，朕卑（俾）皇祖不得高位于上帝。

譬如耕種，都希望有收成，以免飢餓，但我能力不夠，不能使皇祖配享上帝。

汝幼子（指周公）庚（賡）厥心，庶乃來，班朕大環。

你要繼續用心，叫你來，頒賜給你我的大玉環，作為信物。

茲于有虞意，乃懷厥妻子，德不可追于上，民亦不可答于下，朕不賓在高祖，維天不嘉，于降來省（眚），汝其可（何）瘳于茲？

這時你若考慮再三，猶豫不決，若還想到妻、子，上既不能追述祖德，下也不合乎民心，我就回不到高祖身邊了，老天也會不高興，降下災難，屆時你還能倖免嗎？

---

73 參朱右曾，《逸周書集訓校釋》，臺北：臺灣商務印書館（1971）。
74 參杜正勝，〈從眉壽到長生——中國古代生命觀念的轉變〉，《中央研究院歷史語言研究所集刊》66本2分（1995）
75 參黃懷信、張懋鎔、田旭東，《逸周書彙校集注》，上海古籍出版社（1995），頁506。

乃今我兄弟相後，我筮龜其何所，即今用建庶（眾也）建。

今天我們兄弟先後繼承，我已經占卜過，就是「眾建」，兄終弟及，而非直系單傳。於是「叔旦恐，泣涕共（拱）手。」周公旦聽了非常惶恐、淚流滿面、拱手在側，接受了。

周公答應承擔維繫周邦的重責，武王於是交待首要政策，他說：

旦，我圖（度也）夷（平也）茲殷，其惟依天室，其有憲命，求茲無遠。天有求繹，相我不難。

武王深思要能長久平定殷人，只有倚靠天室，以期周有憲命，長保天下，所以都城當在距離天室不遠之處求之。周武王說，只要我們抽絲剝繭仔細探求，求天助我們是不難的。他的確看到成為天下共主後的新形勢，不能再繼續蟄守關中了。對周民族而言，籌建新都的確是一大變局。

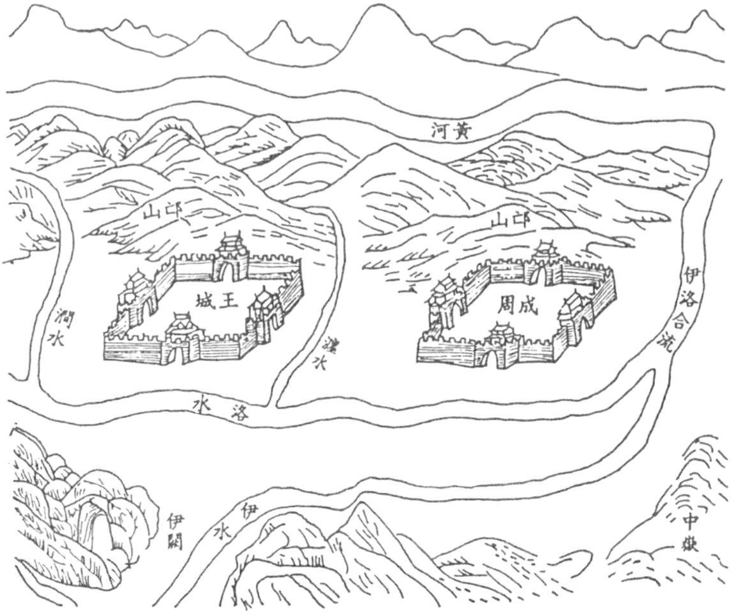

圖 33　洛邑位置圖（據《洛陽縣志》〈城池山川全圖〉）

新都城的所在關係如此重要，原則是不能離天室太遠。到底選在哪裡呢？武王說：

> 自雒汭延于伊汭，居易無固，其有夏之居。我南望過于三塗，我北望過于嶽鄙，顧瞻過于有河，宛瞻延于伊雒，無遠天室，其名茲曰度邑。

周已經成為天下共主，不再是「小邦周」，要走出封閉的關中才能壓住東土諸侯。洛水入黃河和伊水入洛之處雖在關中之外，並不適合建都，以免重蹈夏朝經常遷徙的覆轍。但有一個地方，南望三塗山（嵩縣西南），北則眺嶽鄙，回頭看到黃河，坐著側視可以延伸至伊、洛交會地。這地方離天室不遠，可以名作「度邑」。〔圖33〕

北眺的山嶽可是大有來頭，張守節《史記正義》說：「晉州霍山一名太岳，在洛西北，恆山在洛東北。」《周禮・職方氏》述說九州聖山，古代帝都所在的冀州「其山鎮曰霍山」，所以天下最主要的聖山是霍山（又名霍太山）。相傳這山之神甚靈明，《史記・趙世家》記錄一則傳說，晉獻公伐霍，霍公奔齊，其地為晉所併，神靈無人奉祀。不久，「晉大旱，卜之，曰：霍太山為祟。」獻公乃使趙夙赴齊，請回霍君，復其國以奉霍太山之祀。同篇又講霍太山山陽侯天使給趙襄子竹書的神話，並預示未來趙將有一位奇異國君出生，分析神話內容，就知道預言的奇異國君即是戰國的趙武靈王。

《史記・趙世家》記載春秋末年晉六卿內鬥，剩下智氏（又稱知氏）與趙、韓、魏三家，智伯最強，聯合韓、魏兩大權門攻打趙氏，趙襄子懼，奔守晉陽，部屬原過同奔。在逃離途中，原過掉隊落後，「至於王澤，見三人，自帶以上可見，自帶以下不可見。」

他們給原過二節竹子，說：「替我送給趙毋卹。」毋卹即襄子，要他齋戒三日，親自剖竹，發現竹中有朱書，寫著：「余霍太山山陽侯天使也，三月丙戌，余將使女（汝）反滅智氏，汝（女）亦立我百邑，余將賜女（汝）林胡之地。」立百邑就是令一百個邑的人家共同出錢祭祀霍山神，山陽侯則賜林胡之地給趙氏做為回報。林胡是戎狄，與樓煩並稱，約當唐代嵐、勝二州之北（張守節《正義》），今山西西北部、鄂爾多斯東部。

竹節的朱書又寫了一段預言，後世將有伉王，其人「赤黑，龍面而鳥噣，鬢麋髭頫，大膺大胸，脩下而馮（憑）。」這個高大強壯的趙王，形相奇特，膚色赤黑，隆鼻尖嘴，滿臉鬍鬚，胸背寬濶，腿長得可以倚靠。趙襄子這樣的子孫會是誰呢？朱書又說「左衽界（介）乘」，左衽是戎狄之服，介乘者披甲乘馬，此四字即胡服騎射。這位「伉王」無他，就是趙武靈王。武靈王武功彪炳，「奄有河宗，至于休溷諸貉，南伐晉別，北滅黑姑。」河宗至休溷，約今山西北部到內蒙古南部，都是戎狄、胡人之地。南邊晉的別邑和北邊的戎人之國，都將被未來的伉王所滅。

周武王選定的新都所在地，北望霍太山這個神聖的山嶽，南邊則離「地中」的天室不遠。上文一再提到的天室是具有神秘性和神聖性的「地中」陽城，不過陽城在嵩山山脈之南，對當時東土、西土的諸侯來說，比較偏僻，不方便集會。武王籌思建都連言三次「天室」，不是說都城要「依」之，就是說「無遠」，洛邑離陽城不遠，正好可以滿足現實性和象徵性的要求。

武王死後，周公當政，他的兄弟管叔和蔡叔放話說，周公將不利於孺子（成王），又聯合紂子武庚反叛，周公大義滅親，力排眾議，毅然東征（《周書．大誥》）。五年後，周公乃在澗水東、瀍水西的平地營建新邑，（《周書．洛誥》）名為成周，即今之洛陽，作為周之東都。他並且在陽城建了測景臺，以顯示「地中」的天室所在。成周與陽城，隔著後世名為中嶽的嵩山，一北一南，北是政治中心，南是宗教聖地，而夾在中間的嵩山也是聖山，西周晚期的詩篇《大雅．崧高》頌曰：

> 崧高維嶽，駿極于天；維嶽降神，生甫及申。

崧即嵩，甫和申這兩個國家的始祖是嵩嶽之神降臨人間而生的。如何生法？不見周人有任何文獻，連像姜嫄那樣的神話也沒有傳下。

「地中」的遷徙

春秋以前，中國政治舞臺主要在黃淮平原，以中嶽嵩山之南的陽城作為地理中心，猶或可說，戰國以下，「中國」範圍擴大了，識見日廣，尤其自西元前二世紀後期漢通中亞以後，中國人知有南亞的身毒和西亞的條支，甚至也聽到西海（地中海）之西的傳聞，了解中國偏處在大地的東方，不是土地之中，古來「地中」的觀念便難自圓其說。可能作於漢末三國的地理學經典《水經》，作者想解決這個地理中心的問題，開篇就說：

> 崑崙墟在西北，去嵩高五萬里，地之中也。

陽城北邊是嵩山，這裡的嵩高可以是陽城的一種說法，《水經》乃把古典的「地中」往西移了五萬里，新世界觀確定崙崑山才真正位在土地之中。

酈道元《水經注》補充說：「《禹本紀》與此同。」《禹本紀》謂河出崑崙，司馬遷知道此書，但張騫到過大夏（今阿富汗北部），「窮河源，惡睹《本紀》所謂崑崙者乎？」太史公不相信《禹本紀》黃河源出崑崙的說法。

酈道元又考證：

> 自宗周（按當作「成周」）瀍水以西，北至于河宗之邦、陽紆之山，三千有四百里，自陽紆西至河首四千里，合七

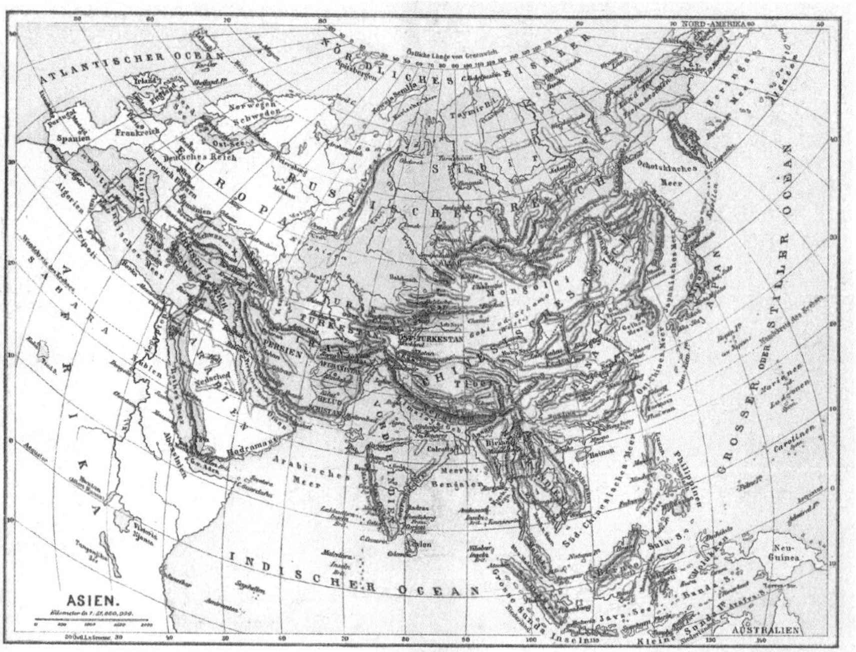

圖說：⬭崑崙山脈，△陽城

圖 34　崑崙為地中

千有四百里。《外國圖》又云：從大晉國正西七萬里，得崑崙之墟，諸仙居之，數說不同。

成周倚近陽城，果如《水經》所說崑崙山是「地之中」，那麼「地中」就得西移七萬七千四百里了。〔圖34〕

一個地方會成為「地中」，神祕性之外，神聖性是不可或缺的。上面舉證的耶路撒冷，《舊約．以賽亞書》說，耶和華殿的山超乎諸山，高過萬嶺，多國之民前往，「因為訓誨必出於錫安，耶和華的言語必出於耶路撒冷。」（第二章第三節）在中國文化裡，「諸仙居之」的崑崙山即使多麼神祕，卻缺乏儒家正統的神聖。

誠如酈道元所說，作為地中的崑崙，「道阻且長，經記緜褫（脫也）……非所詳究。」里程不是重點，主要關鍵在於崑崙山晚到戰國才出現於中國，其神西王母，《山海經．西山經》保留的原始神話說：

> 其狀如人，豹尾虎齒，而善嘯，蓬髮戴勝（玉也）。

這副長相和同篇「虎身而九尾，人面而虎爪」的神陸司有得比，基本上是猛獸的形狀，故長嘯震動山谷。西王母的頭部，郭璞注的蓬頭是亂髮，戴勝的「勝」是玉勝。按《後漢書・輿服志下》乃太皇太后和皇太后入宗廟的一種禮服冠飾。其形制：「簪以瑇（玳）瑁為擿，長一尺，端為華勝，上為鳳皇爵，以翡翠為毛羽，下有白珠，垂黃金鑷，左右一橫簪之，以安蔮結。」玉飾華勝的上部作鳳凰鳥形，以翡翠做羽毛，下部有白色珠，垂黃金鑷子，左右有一橫簪，打華麗結。的確雍容富貴之至，難怪有一種鳥類，犀鳥目，頭頂黃褐色羽毛，其尾末端黑色，張開似印地安酋長頭飾，學名 Upupa epops，近代中文名作戴勝。《山海經・海內北經》也提到「西王母梯（憑）几而戴勝杖（杖字衍文）。」梯几者，以几作靠背也。〔圖35〕

圖 35　西王母戴勝憑几，嘉祥武氏祠前石室二（上列部分）

〈西山經〉說西王母的職務「是司天之厲及五殘」，郭璞注：「主知災厲、五刑、殘殺之氣」，即是專替上帝降天災，降瘟疫和執行刑殺之神。

西王母的住處，〈西山經〉說是玉山，位於崑崙之丘的西邊，〈海內北經〉說西王母住在崑崙虛北。但〈大荒西經〉則說崑崙之丘有「神」和「人」處之：

有神，人面虎身，有文有尾，皆白。……

有人，戴勝，虎齒，有豹尾，穴處，名曰西王母。

此神當是陸司，而所謂「人」的西王母，這種長相能算是人嗎？她不但住在洞穴裡面，據〈海內北經〉說：「有三青鳥，為西王母取食。」三青鳥，別的抄本和板本多作三足鳥。西王母吃鳥銜來的食物，自然是茹毛飲血了。[76]

---

76 以上關於西王母的論述，參看袁珂，《山海經校注》，上海：上海古籍出版社（1980）；臺北：里仁書局影印（1981）。

圖 36　周穆王見西王母漢畫象拓本

不論西王母多神威，對務實的中國人來說，這種洪荒時代的神靈絕難與古代聖王並列，於是年代比較晚的〈大荒西經〉遂衍生出「人」的概念，但原始神話的內容仍然殘留著。接下來西王母的形象則演化變成美婦人，還與周穆王互相酬唱。

古來傳說，周穆王好遠遊，《左傳》記載楚令尹子革聽過左史倚相講穆王的故事：「穆王欲肆其心，周行天下，將皆必有車轍馬跡焉。」（昭公十二年）倚相博學多聞，從能讀《三墳》《五典》《八索》《九丘》等古書。天下各地周穆王都想去遊歷，而在黃河兩岸今陝北和晉西北及鄂爾多斯的黃土高原地帶，屬於漢之西河郡者，傳說當時有個造父，幫穆王完成遠遊心願。造父擅長養馬、駕車，獻給穆王許多優良品種的名駒，「繆（穆）王使造父御，西巡狩，見西王母，樂之忘歸。」司馬遷並不相信這個傳說，所以《史記》〈周本紀〉未載，只寫在〈趙世家〉，當作趙國祖先發跡的故事。但這個傳說後來寫成書，名作《穆天子傳》。

《晉書・束皙傳》說武帝太康二年（二八一），汲縣民不準盜發古冢，從戰國魏墓得竹書數十車，「漆書，皆科斗字」，最有名的是《竹書紀年》，還有儒書及陰陽家著作等等，共七十五篇。其中有「《穆天子傳》五篇，言周穆王游行四海，見帝臺西王母。」晉武帝命秘書監整理編次，撰寫提要，「尋考指歸，而以今文寫之。」把原來的戰國文字（蝌蚪文）改寫成漢代以後通行的隸楷，這是今本《穆天子傳》的由來。

所謂「見帝臺西王母」是唐初史臣的敘述，進呈《穆天子傳》的領銜大臣晉侍中荀勖，向皇帝的報告則說：「其書言周穆王遊行之事，……北絕流沙，西登昆侖，見西王母。」（《穆天子傳・序》）〔圖36〕西王母應該住在昆侖，而不是帝臺。考查《山海經》帝臺或帝臺之棋、之石、之漿都在記述中原山川的〈中山經〉，不可能是西王母的所在。

《穆天子傳》說穆王來到黃鼠之山，西行「至于西王母之邦」，進入國境，一天就抵達王宮，「天子賓于西王母」，成為貴賓。第二天，宴于瑤池之上，天子向西王母敬酒，兩人酬唱，臨別互相傾訴依依不捨的戀情。西王母為天子清唱，歌曰：

白雲在天，丘陖（陵）自出；道里悠遠，山川諫（間）之，將子無死，尚能復來？

丘陵不是一般之小山，昆侖山也稱昆侖之丘，見於《山海經》〈西山經〉和〈大荒西經〉。歌詞說高高在天的白雲起自昆崙之丘，從遙遠地方來的貴賓不知經過多少千萬里，超越山川的阻絕而至，期望良人不死，還能再來嗎？穆王和答而歌曰：

予歸東土，和治夏民。萬民平均，吾顧見汝。比及三年，將復而（爾）野。

返回東土，好好治理中國人，使萬民安和樂利，就回來看你。用不了三年，我將再到你的國度。於是西王母又為天子吟唱，歌曰：

徂彼西土，爰居其野，虎豹為群，於（烏）鵲與處。嘉命不遷，我惟帝女，彼何世民，又將去子！吹笙鼓簧，中心翱翔（彷徉也）。世民之子，惟天之望。（卷三）[77]

再來西土吧，就安安穩穩住在這個國度；這裡有成群虎豹作伴，有烏鵲相處。我乃天帝之女，天帝賜予我的好命不會改變。然而「夏民」他們是什麼樣的人呢？會吸引良人離我而去！送別的笙簧樂聲奏起，我心中不由得徬徨不已。我的子民啊，只有瞻望皇天能圓夢，讓天子回來。「世民之子」，其實是西王母的「夫子自道」，她是「猶抱琵琶半遮面」，不好意思直說期盼穆王趕緊再來。

天子遂驅車而別，登上弇山，「乃紀丌（其）跡于弇山之石，而樹之槐，眉曰西王母之山。」在弇山頂上立碑刻石，刻寫「西王母之山」五字，並且植樹紀念。

77 參看顧實，《穆天子傳西征講疏》，臺北：臺灣商務印書館（1976），頁154-163。

圖 37　仙人形象的西王母，國立故宮博物院藏，清金廷標「瑤池獻壽」

這段異國愛戀故事何時創作，茲已難考，至晚戰國中期已經完成，文本才能埋入魏安釐王的墓，時值西元前二四三年。但由於流傳不廣，抄本早就亡佚，西漢晚年朝廷徵集圖書，「求遺書於天下」，詔劉向、歆父子校經傳、諸子、詩賦，另有多人校兵書、數術、方技等古籍，但都不見有《穆天子傳》著錄，直到將近五百年後，西晉武帝時才出土。不過穆王見西王母的故事卻早已代代相傳，太史公司馬遷知道，民間也知道，所以漢畫像才有這個題材。穆王所見的西王母漢畫已經不是豹尾、虎齒、蓬髮的嚇人長相，並且戴著巴洛克風格的玉飾頭冠，顯得雍容富貴。

總之，西王母從戰國秦漢以下，就以美艷婦人之姿存在於中國人心中，愈傳愈普及，原始面貌於是泯沒，進而青春永駐，成為仙人。〔圖37〕不過，即使民間升格她為神仙，距離中國人所崇敬的聖王還很遙遠。而以西王母所居的崑崙山，戰國的《穆天子傳》放在遠西之地，只因周穆王好遠遊方得以抵達，其地理觀念和漢末三國的《水經》以為土地之中者截然不同。崑崙作為「地中」，只是中國人知道天地之廣以後產生的新說，並且只存在於外來民族文化和宗教信仰盛行的中古時代，沒在中國社會生根。要成為土地之中，單憑物理性的地理中心還不夠，基本要素仍離不開政治中心這項元素，尤其是具有神聖性的政治中心。

秦漢以後中國所接觸和知見聽聞的世界遠遠超過周代，「地中」陽城在現實政治中不再占有重要的地位，但陽城所在的「中原」概念卻一直流傳到今天。

資源匯聚帝都

政治中心的神聖性，毋寧是以意識形態塑造政權的合法性，在神道設教的時代，其重要性固不在話下；不過，經濟才是決定政治中心所在的現實條件，而事實上，一旦成為政治中心，各地資源亦會攏聚過來。

中國進入城邦時代，歷史舞臺從過去分散各地的「滿天星斗」轉而聚集在以「原中國」為中心的北方；不只三代，整個中國傳統兩千年，前一千多年政治舞臺在黃河中、下流域，後八百年移至燕山南沿，都在北方。早先，北方經濟發展較為先進，後來南方崛起，變成經濟重心，但南糧還是要北運。

城邦時代的考古資料顯示北方青銅兵器比其他地區先進，人力資源多聚集於北方的城市，因北方黃土的特性，適合前鐵器的生產工具耕墾，故其經濟遠比林深石确的南方發達。關於中國早期農業和黃土的關係，六十年前何炳棣已經論述過，[78]後來我在一篇討論史學空間問題的文字推衍這個觀點，認為北方中原因為能生產較多糧食，養活較多人口，國力於是比較壯大，加上擁有銳利青銅武器，誕生大城邦，意識形態（禮制）也隨之塑造，北方遂變成古代中國的主要舞臺。[79]

最高權力所在，資源必然匯聚，帝都遂成為經濟重心，在城邦時代的「原中國」[80]，唐虞和夏商周建都的「三河」就符合這條件。隨著三代邦國之間往來日益頻繁，民間商品交易也愈興盛，及至春秋戰國，長程貿易已經相當成熟了。經貿發展與都會人

---

78 何炳棣，《黃土與中國農業的起源》，香港：香港中文大學（1969），頁11-34。

79 杜正勝，〈史學之空間思維的雜想〉，劉翠溶主編，《中國歷史的再思考——許倬雲院士八十五歲祝壽論文集》，臺北：聯經出版公司（2015），頁25-30。

80 參本書第二章「原中國的所在」，頁44-50。

口及民風習俗密切相關，此一歷史規律司馬遷早已指明，故其〈貨殖列傳〉不但條列重要貿易路線，也敘述商業發達之都會的民情。當時中國人的貿易中心就在古來政治中心的三河，〈貨殖列傳〉曰：

三河在天下之中，……土地小狹，民人眾，都國諸侯所聚會，故其俗纖儉習事。

三河人民所習之事應是商貿，儉嗇成風，故能累積資本，加上辛勤幹練，從「天下之中」走向四方經營貿易。河東的楊、平陽，「西賈秦、翟，北賈種、代」；河內的溫、軹（濟源），「西賈上黨，北賈趙、中山」；稍北漳水、黃河之間的邯鄲亦一都會，則「北通燕、涿，南有鄭、衛」；河南的洛陽，「東賈齊、魯，南賈梁、楚」。這幾條路線都以三河為中心，投射出去的貿易圈涵蓋戰國以前的「中國」，茲據〈貨殖列傳〉解說如左。

首先河東平陽這條貿易路線，起自今山西西南，西渡黃河到關中和陝北，北行的末端到河北北部蔚縣和山西北部代縣，太史公說：其「地邊胡，數被寇」，民性彪悍，「任俠為姦，不事農商」，然而由於迫近外族，「師旅亟往，中國委輸，時有奇羨（餘也）」。

為備外患，駐守重兵，士卒消費帶動商機，當地人既然健捍鬥狠，不屑經商，反而吸引老遠的河東商賈來做生意，時常獲得超乎意料的贏利。

其次，河內溫、軹，即今河南焦作、濟源，從這裡出發的貿易路線，過太行山脈分成兩條路線，西路到山西晉城、襄垣，北路至趙和中山，即今河北邯鄲、石家莊一帶。中山地薄人眾，「猶有沙丘紂淫地餘民，民俗懁（急也）急，仰機利而食」，自商代以來養成的奢靡風氣，色情甚盛，多靠投機牟利過日子。「丈夫相聚游戲，悲歌忼（慷）慨」，趙地男子赴死就義，他們「起則相隨椎剽（掠奪），休則掘冢、作巧、姦冶。」殺人搶劫，盜掘古墓挖寶，非法礦冶，作奇技淫巧之奢侈品。當地「多美物，為倡優」，女子天生艷麗尤物，寧當倡優賣笑，「鼓鳴瑟，跕屣，游媚貴富，入後宮，徧諸侯。」鳴琴鼓瑟，穿高足屐（跕屣），到外地蠱媚貴人富戶，做高官巨富的姬妾，遍於諸侯。司馬遷對趙地和中山侈靡淫風的記述，顯示都會商業經濟發達，而高級消費也達到了極致。

第三條在漳水與古黃河之間，今河北南部邯鄲的貿易路線，北路終端到達北京、涿縣，和種、代那條線同樣近於胡人草原地帶。邯鄲是戰國趙都，北京是燕國所在，燕趙亦多慷慨之士。邯鄲此線往南抵達鄭、衛中原核心地，風俗與趙相類，但因為鄰近大梁（開封）和魯（曲阜），「微重矜節」，比較矜持講體面。末代衛君徙於濮上的野王（沁陽），其風亦「好氣任俠」。游俠刺客的溫床多寄生於都會，因為黑社會總是和都會興旺之商貿以及侈靡風氣分不開的。

第四，北方邊境的燕，距離渤海、碣石不遠，走海運可南通齊、趙；其東北邊胡，今河北懷柔、易縣的上谷至遼東這一邊界，由於偏遠，地廣人稀。邊界地帶「數被寇」，經常遭到外族襲擊，故與趙、代風俗相類，民性「雕捍少慮」，像鷹鵰的彪悍，魯莽意氣，行事往往不計後果。不過其地「有魚鹽棗栗之饒」，如蘇秦遊說燕文侯所說，「民雖不由田作，棗栗之實足食於民矣，此所謂天府也。」（《戰國策・燕一》）燕長城之北鄰近烏桓、夫餘，商賈「東綰穢貉、朝鮮、真番（潘）之利。」綰，司馬貞說是「綰統其要津」，中國商賈控制貿易要地，收購東北和朝鮮半島的特產銷往內地，易致厚利。

第五條路線，河南對外的貿易從洛陽出發，東至齊臨淄和魯曲阜，春秋時代著名政治家管仲是洛陽附近的潁上人，早就到齊國商販，後來投入公子糾門下從政。齊地位於泰山和渤海之間，有山海之利，並且「膏壤千里，宜桑麻」，人民生活富庶，紡織業興盛，故人民「多文綵衣帛魚鹽。」蘇代說：「齊人紫敗素也，而賈（價）十倍」，（《戰國策‧燕》）把不純的白繒染成紫色，開發出新產品轉而以十倍價錢出售。生意頭腦真靈活，本來不合格商品加工後反而賣出高價錢，也可見齊國紡織工藝之精進與商貿之發達。〈貨殖列傳〉說：臨淄「其中具五民」，所謂五民，如淳解釋說：「游子樂其俗不復歸，故有五方之民。」國家統治者當然不喜歡這些來路不明的人，然而這正是經貿興盛之都會的必然現象，吸納四面八方的外來人口，但也因而成為游俠的溫床，「勇於持刺，多劫人。」雖然危害社會的安定，卻顯現「大國之風」，不像封閉的農村，失之於小家子氣。商貿發達同時又有一特點，生活少拘束，思想多自由，不在乎傳統權威，太史公說臨淄「其俗寬緩闊達，而足智，好議論」，游俠之外還聚集許多講學論道的游士。

至於鄒、魯，雖說遺留周公遺風，「俗好儒，備於禮」，然而太拘謹，司馬遷批評說：「故其民齪齪」，民風小心謹慎。農業區魯國，「頗有桑麻之業，無林澤之饒」，由於缺乏自然資源，「地小人眾，儉嗇，畏罪遠邪」，其民節儉吝嗇，畏懼官府，循規蹈矩，不敢犯法，遠離姦邪，是十足的順民。不過，當國家衰敗時，魯國人「好賈趨利，甚於周人。」魯與鄒乃孔、孟的故鄉，儒風鼎盛，多道貌岸然、口誦詩書而「四體不勤，五穀不分」之人，大批不事生產的人口誰來養活？只有靠商貿，所以儒學大本營的鄒魯人做起生意也很在行，他們的勢利性格甚至超過大家常批評的洛陽人。

洛陽成周之以擅長經商著稱，其貿易路線是南賈梁、楚，往南經今河南到湖北、安徽。開封（梁）和商丘（宋），鄰近商業大都會定陶、睢陽，這一帶位於今山東河南交界處，近代旱澇交加，成為乞丐、流民的溫床，但古代可是東方的商業中心，春秋末年越滅吳後，越功臣范蠡退隱，浮海出齊，據《史記．越王句踐世家》說，先「耕于海畔，苦身戮力，父子治產」。范蠡農作生產累積財富達數十萬後，「懷其重寶」止于定陶，從事經貿。因為他看到：

以為此天下之中，交易有無之路通，為生可以致富矣。

果然靠著經營長才，在定陶「廢居，候時轉物，逐什一之利。」廢是出售，居是囤積，貨物先買來囤積，等候時機再賣出，做起買賤賣貴的投機生意，「致貲累巨萬，」成為戰國輕重家的先鋒。[81] 單從范蠡致富的事例可知定陶成為東方經貿中心，吸引許多洛陽來的商人。洛陽人也往南邊的楚國，因為楚有「雲夢之饒」。雲夢大澤富藏天然資源，〈貨殖列傳〉所謂「澤中千足彘，水居千石魚陂，山居千章之材」，都可致富，太史公雖然是泛指，但以雲夢之廣大和原始，當比其他地方富饒。正如公子重耳對楚成王說的：「羽、毛，齒、革則君地生焉」（《左傳》僖二十三），楚國出產的翡翠、孔雀羽、旄牛毛、象牙與犀牛皮革等高級商品，應該都產於雲夢，不在農業區。生活日用之貨物，楚也盛產，「通魚鹽之貨，其民多賈」，楚國經商貿易之盛，歷來聞名。

司馬遷在〈貨殖列傳〉詳述從「三河」往外投射的商貿網路，雖是戰國現象，但地理優勢自古已然；而且古代這一地區自然環境尚未過度開發，黃土地反而更適合於當時的農耕技術。[82] 長期作為政治中心，又具備豐厚的經濟實力，雖然戰國的強國都在中原

81 參杜正勝，〈戰國的輕重術與輕重商人〉《歷史語言研究所集刊》第61本2分（1990）

82 關於黃土高原生態變化的歷史研究，參史念海《黃土高原歷史地理研究》，鄭州：黃河水利出版社（2001）。至於黃土地經過灌溉便成為沃壤，增加生產量，首發於冀朝鼎（Ch'ao-Ting Chi），*Key Economic Areas in Chinese History*，而多方面的論述則參何炳棣，《黃土與中國農業的起源》，香港：香港中文大學（1969）。

的周邊，但歷史傳統留下的底子仍然持續發揮作用。

不過，秦漢既然建都咸陽和長安，帝國的經濟資源遂多滙集到關中，這種趨勢早在秦作為列國時已經發軔。秦惠文王更元九年（西元前三一六），太史公的先祖司馬錯與張儀在秦王面前爭論伐韓或伐蜀孰利，張儀主張伐韓以臨二周，司馬錯主張先伐蜀。韓國在今河南西部，二周指今鞏縣的東周和洛陽的西周，是戰國晚期分裂的東西周，地理的不是年代的。陝西的秦一出潼關，占有韓國就到周，於是「據九鼎，按圖籍」，九鼎地圖、典章書籍都是統治天下的象徵和憑藉，便可「挾天子以令天下。」向東才是「王業」，若向西去，反而「爭於戎狄，去王業遠矣。」張儀認為控制四川，不過和西邊的外族爭強而已，離打敗六國的霸業愈走愈遠。司馬錯不以為然，一是蜀容易攻克，「取其地足以廣國，得其財足以富民」；再則蜀地「利盡西海」，往南可通印度的遠程貿易。所以蜀可以充實「地小民貧」之秦的經濟實力，王業自然易成。最後惠王聽從司馬錯的建議，起兵平蜀，控制天府之國的資源，於是「秦益強富厚，輕諸侯。」（《戰國策・秦一》）不及百年，秦終於滅六國，一統天下。

司馬錯的敏銳觀察，中國早期兩大歷史家司馬遷和班固完全證實。司馬遷說：「巴蜀沃野，地饒巵（胭脂）、薑、丹沙、石、銅、鐵、竹、木之器。南御滇僰，僰僮；西近邛笮，笮馬、旄牛。然四塞，棧道千里，無所不通。」（《史記・貨殖列傳》）班固也說：「巴、蜀、廣漢本南夷，秦并以為郡，土地肥美，有江水沃野，山林竹木疏食果實之饒。南賈滇、僰僮，西近邛、莋馬旄牛。民食稻魚，亡凶年憂，俗不愁苦。」（《漢書・地理志下》）四川東邊的巴、西邊的蜀和北邊的廣漢都盛產木料建材、菜蔬果實，南部往滇、僰，從事雲貴的僰族奴隸買賣，西部接近藏區的邛、笮，經營笮族的馬和旄牛；對外無所不通，四面都利於商貿，人民自然豐衣足食，不擔心年成饑荒時衣食匱乏。

漢五年（西元前二〇二），劉邦消滅項羽，稱帝，群臣皆東人，即周之東土之人，多欲建都洛陽，只有劉敬力主建都關中。他從社會基礎與戰略形勝分析說，關中位於黃土高原上，俯瞰黃土平原的東方，勢若高屋建瓴，即如本書第二章引述地質學家說的第二階梯和第一階梯之差。劉敬說，關中建都，如與人鬥，可「搤（扼）其亢（喉嚨），拊其背，」掐住人的喉嚨，攻擊人的後背，必勝。如果萬一函谷關以東（山東）發生動亂，仍可保守秦之故地，俗話所謂「進可攻，退可守」也。他還特別強調秦「甚美膏腴之地，所謂天府者也。」古代關中自然環境尚未嚴重破壞，如《漢書・地理志下》所云：「有鄠、杜竹林，南山（秦嶺）檀柘，號稱陸海，為九州膏腴。」〈禹貢〉概括九州田賦等第，雍州土壤肥沃，「厥田為上上」，名列第一。

中國歷史上的兩大盛世漢與唐，文化以周朝為典範，政制繼承兼併六國的嬴秦，都在關中建都。這幾個朝代的定都雖各有其歷史因素，不過關中農作生產力之高與自然資源之富，具有決定性的經濟基礎，遂成為中國帝制早期理想建都之地。

帝都豢養大批政府官僚、皇室服務人員與營建宮殿、離宮別館和皇陵所需的勞動力，還有數量龐大的官奴婢，以及大批的軍隊。人流也是錢流，人口聚集的帝都，商賈隨之而來，許多尋求機會的人也跟著來。秦漢中央政府又常發動政策性移民，為政治需要召來各地的豪強人口，以免在地方有錢有勢而興風作浪。如秦始皇統一天下，隨即「徙天下豪富於咸陽十二萬戶」（《史記・秦始皇本紀》），漢高帝九年徙齊楚大族五姓於關中（《漢書・高帝紀》），武帝徙郡國豪傑及訾（貲）三百萬以上于茂陵，又徙郡國吏民豪傑于茂陵、雲陽（《漢書・武帝紀》）。這些都是官方紀錄犖犖大端者，全國各地的富豪以及社會有影響力的人，皇帝都把他們調集在腳下，好控制，正如《三輔黃圖》所說：「後世世徙吏二千石，高貲富人及豪傑兼并之家于諸陵，強本弱末，以制天下。」（卷一秦漢風俗）林林總總的來源，使帝都的糧食需求量大增。

關中人口聚增，不得不漕運外地糧食以滿足需求。《史記・平準書》說，漢高帝「漕轉山東粟，以給中都官（中央政府官吏），歲不過數十萬石。」山東指函谷關以東，與帝都所在的關中對稱。後來需求增加，山東運來數十萬石猶不足，武帝元光六年（西元前一二九）乃「穿漕渠通渭」，以抵長安。開鑿運河連接黃河和渭水，專供運輸東方的糧穀到長安，故名「漕渠」。（《漢書・武帝紀》）河東太守番係說：「漕從山東西，歲百餘萬石。」（《漢書・溝洫志》）這條從東往西的糧道走黃河水道，必需經過三門底柱之險，往往船沒糧沈，敗亡甚多。十年後（西元前一一九）黃河漕糧增加到四百萬石，尚不足，新置的官府有許多服役的徒奴婢（受刑人當奴婢），官給之糧不夠吃，還需要自糴（《史記・平準書》）。不到十年，「諸農各致粟山東漕，益歲六百萬石」（同上），各地徵收糧食的農官都把收納的粟米送到漕運，每年增加至六百萬石，可見京師及其周邊地帶人口增加之速。宣帝時，大司農中丞耿壽昌上奏云：「故事，歲漕關東穀四百萬斛以給京師」，（《漢書・食貨志》）過去關東每年要送四百萬石到長安，這個數額已固定化。

從上面概述的西漢漕運史，足以證明政治權力中心就會成為資源彙集之地。關中糧食壓力如此沉重，歷經漢末王莽和劉玄的戰亂，漢光武帝不得不離開長安，改都洛陽，也可免除黃河漕運經過三門峽天險造成的損失。但洛陽依然需要外地糧食供應，建武五年（西元二十九年），令張純「將潁川突騎，安集荊、徐、揚部，督委輸。」（《後漢書・張純傳》）靠軍隊保護，長江中下游的糧食才得以安全運抵洛陽。首先多用驢車轉運，陸運耗損大，稍後穿鑿陽渠引洛水為漕，（同上）而從河內溫縣轉運的粟米亦改採水運。（《後漢書・王霸傳》）

帝都不論在長安或洛陽，都要調集東方產出的米穀，兩漢資源之匯聚，顯然都是從東方往西轉運的。爾後大約四百年的紛亂和分裂，到隋朝統一，仍定都關中，先後開鑿通濟渠、永濟渠與山陽瀆，以連接黃河、淮河、長江到錢塘江，可見這時仰賴於東南的農作生產，而不是靠太行山以東地區。

李唐建都長安，沿用前朝這幾條運河，漕運路線從揚州經斗門，走淮水，轉汴河到河口，再到洛陽、長安。形勢上糧食之運輸，從由東而西轉為東南往西北，因為幾千年來北方地力耗盡，而長江中下游相對開發較晚，這時正在興起，隋唐時期生產力已超過黃河流域的「山東」。唐高祖即位之初，命李襲譽運劍南之米以實京師，李靖運江淮之米以實雒陽。[83]《新唐書・食貨志》說：「唐都長安，關中所出不足，故常轉漕東南之粟。」江淮漕租米先運至洛陽，儲存於含嘉倉，「以車或馱，陸運至陝（陝縣）」，水行需經三門峽，同樣面臨「多風波覆溺之患」，只有八成能抵達京師而已，武則天不得不常就食於東都。

安史亂後，代宗命劉晏專領東都河南淮西江南東西轉運使，總全國度支事；德宗以杜佑為江淮水陸運使，分置汴州東西水陸運兩稅鹽鐵使，以度支總大綱（同上〈食貨志〉）。國家以轉運使當財政大臣，唐中葉以後其職事也的確著重水陸轉運，正反映江

83《古今圖書集成・食貨典》卷156引《冊府元龜》。

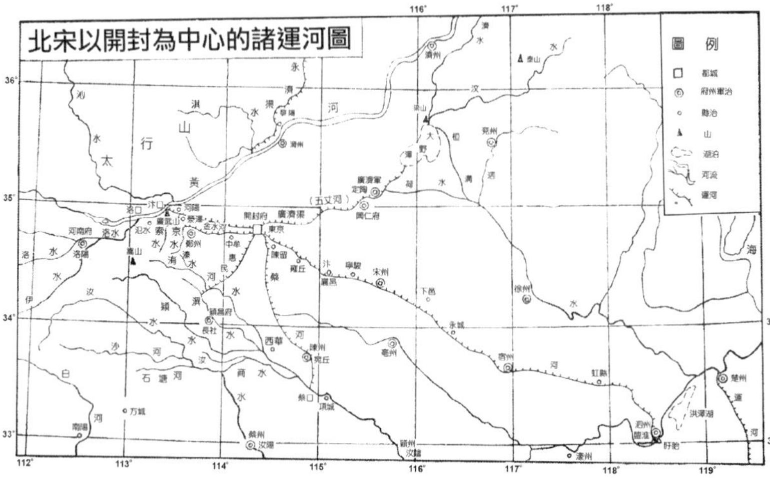

圖 38　北宋開封之運河

圖 39　清院本「清明上河圖」（船貨部分）

淮的生產成為國家命脈之所繫。

朱溫從汴州起家，篡唐而建國後梁，都於汴（開封府）；爾後除後唐一度都洛陽外，五代的其他三朝也建都在這個四戰之地的汴州，與傳統歷朝擇都選擇能攻能守的地理形勢不同。因為經過唐末五代的戰亂，不論長安或洛陽皆殘破不堪，都汴以便就食江淮漕運而來的糧食。此一客觀條件即使趙匡胤亦無法改變，他曾有意遷都洛陽，李懷忠勸諫說：「汴都歲漕江淮米四五百萬斛，贍軍數十萬計，帑藏重兵在焉。陛下遂欲都洛，臣實未見其利。」[84] 汴京除汴河外，還有金水河、惠民河、廣濟渠和蔡河，交通四方，全國資源易於送達。〔圖38〕

唐代漕運主幹汴河之前身即隋代通濟渠，河水不深，不能行走大船，藉河水浮力用平底船把江南糧穀運往京師長安；五代和宋同樣利用汴河漕運，其實這條漕運也刺激江

84 王偁，《東都事略》卷二十八〈李懷忠傳〉，引自史念海，《中國的運河》，西安：陝西人民出版社（1988），頁217。

淮的開發，而江淮開發又會助長汴河的運輸數量，兩者相互為用。[85]繁忙的汴河當然也促使沿途都市商販蓬勃發展，尤其是汴京。由宋人張擇端「清明上河圖」可以看到各色貨物運到首都的熱鬧場景，我們只選清院本汴河漕運接近城關的一小段，供讀者想像當時的繁華景象。〔圖39〕

運河開鑿係應政治需要，汴都漕運交錯就是最好的證明。到蒙元建都北京，乃開通大運河，把南方資源匯聚到大都，明清兩代繼之，富庶的江南不但供輸物質而且提供人才，不斷輸往北京。兩漢從東到西，隋唐從東南往西北，宋元明清則由南而北，資源輸送的管道隨著帝都而轉移，政治支配經濟的歷史軌跡昭然若揭。

第5章

帝王中心的天下秩序

西周詩歌有云：「溥（普）天之下，莫非王土；率土之濱，莫非王臣。」（《小雅・北山》）孟子解釋說，這是「勞於王事不得養父母」者憤慨之語，提醒「說詩者不以文害辭，不以辭害意。」（《孟子・萬章上》）他提醒門弟子，讀這篇詩，不能單憑字面解釋，不能把周王的土地說成是涵蓋全天下。孟子的話誠然沒錯，不過，這些詩句也透露「王是天下中心」的心態，也是意識形態。

古典的四裔論述

上文說過，「天下」比「四國」多了蠻夷戎狄所屬的要服和荒服，包含後世中國政權的直接統治區和勢力範圍，或者勢力範圍以外也算在內。按照城邦時代五服制的劃分，「天下」大約近似現代人說的「世界」，不過近代之前，中國歷史上只有少數時期有過列國觀念，如戰國、南北朝、宋與西夏、遼、金、蒙古並存之局面，此外中國人講的天下，並沒有平起平坐的國家，所以討論傳統中國世界秩序，還是用「天下」的概念比較符合歷史實情。

由於祭公謀父反對周穆王攻打犬戎，他才講述五服制的天下秩序。祭公說，要服之蠻夷對周的職事是歲貢，荒服之戎狄更輕，終世才來覲見一次；若不盡職，周既不會征也不會伐，只予以口頭譴責或發文曉諭而已。如果布令陳辭他們還不來，周王要自我檢討，「增修於德」，不可勞師動眾，「勤民於遠」。穆王則要把理當新君繼立才「來王」的犬戎改為四時來享，不享則征討之。穆王沒有接納祭公的勸諫，《國語・周語上》說，這次遠征只「得四白狼、四白鹿以歸」，換來的後果則「自是荒服者不至。」狼與鹿，竟與後來北方游牧民族的始祖傳說巧合。《逸周書》有一篇〈祭公解〉與新出清華簡〈祭公之顧命〉內容大體雷同，記述祭公謀父臨終，穆王來向他請求教誨，[86] 大概後悔他執意要征伐犬戎，結果得不償失之故吧。

按照祭公謀父的說法，第四、第五圈的要服和荒服不屬於華夏（春秋概念的「華夏」或戰國概念的「中國」），周王朝既不干預，也不會到那麼荒遠的地方。〈禹貢〉的說

86 參李學勤主編，沈建華、賈連翔編，《清華大學藏戰國竹簡》（壹），上海：中西書局（2010），頁174-175。

法近似，用來處分罪犯，要服之遠用以處「蔡」罪之犯人，荒服之遠用以處「流」罪之犯人。《孔氏傳》：「蔡，法也」，施以罰；但可能當如蔡沈《集傳》的註解：「蔡與流，皆所以處罪人，而罪有輕重，故地有遠近之別。」蔡沈的解釋是有典據的，《左傳》魯國大史克述說遠古帝鴻氏、少皞氏、顓頊氏和縉雲氏，各有不才子，曰四凶，犯種種罪行，舜執政後遂「流四凶族：渾敦、窮奇、檮杌、饕餮，投諸四裔以禦螭魅。」（文公十八年）華夏族只有窮凶惡極者才會被放逐到四裔之地，讓他們去抵擋像鬼魅一類的蠻子，正常人是不會去的。

然而歷史的現實，對於力所不及的遙遠地區，中國幾千年來的一貫態度大抵不出周穆王和祭公謀父所代表的兩種模式。前者主張積極進取，可攻伐則攻伐，能占有則占有，荒服變成勢力範圍的賓服，或者直接統治的甸服，歷代所謂大有為之君，如秦皇、漢武即是這類人物，這是「穆王模式」。另一種「祭公模式」，鑑於實際的困難，深怕代價太高，往往主張維持現狀，中國只要受到尊崇，保有「老大哥」的面子，何必攪得民窮財盡、怨聲四起，還可能危及政權呢！這兩種模式，猶如班固分析漢朝大臣對匈奴的態度，「總其要，歸兩科而已：縉紳之儒則守和親，介冑之士則言征伐。」（《漢書・匈奴傳》）事實上「穆王模式」雖開疆拓土，卻用人民的生命和財產換來彪炳的帝業；而「祭公模式」既替帝王考慮到政權的穩定，又博得為民請命的美名，還有「修文德以來遠人」的令譽，連大有為的獨裁者也不好斷然排斥。不過，說歸說，做歸做，「祭公」碰上「穆王」，歷史事實多是寧征伐經略，勿和平共存。

五服制的體系，蠻夷戎狄對周天子的職事輕而不苛，現實上固然是管控不到，思想上祭公謀父只以「先王耀德不觀兵」來勸穆王，並未說明這些異族何以有此「優待」？到了漢朝的班固提出一套論述，本書第三章討論中國擴張雖徵引過，但立論根據所透露的心態還是值得再三吟味。他說：

> 夷狄之人貪而好利，被髮左衽，人面獸心，其與中國殊章服，異習俗，飲食不同，言語不通；辟（僻）居北垂寒露之野，逐草隨畜，射獵為生，隔以山谷，雍（壅）以沙幕，天地所以絕外內也。是故聖王禽獸畜之，不與約誓，不就攻伐。（《漢書·匈奴傳下》）

這種民族觀強調中國和四裔是截然不同的世界，有幾個層次：一是民族性，夷狄貪利而中國不貪；二是文化層面，衣冠、飲食、習俗和言語皆不同；三是自然生態與產業不同，畜牧漁獵相對於農耕。如此差別正是上天的恩賜，把蠻夷戎狄屏除在外，有天然的山谷和沙漠隔絕，不與中國人雜居內地。一言以蔽之，蠻夷戎狄猶夠不上「人」，古代聖王把他們當禽獸看待，既不能平等地與中國立約結盟，也不值得中國去討伐。

這是兩千年來多數儒者的主張，可能也比較能反映中國一般人的見解，但當中充斥的種族意識遠遠淹過和平論。總之，班固說法不是新論，中國人認為夷狄雖具人形，秉性則如禽獸，這麼頑固的種族論早在春秋戰國時代已經形成，是否還可以往上追溯，因為文獻不足，只好存而不論。

春秋早期（西元前六六一年）狄人伐邢，管仲建議齊桓公救邢，開宗明義就說：

> 戎狄豺狼，不可厭也；諸夏親暱，不可棄也。（《左傳》閔公元年）

戎狄生性如豺狼，永遠不會滿足；而華夏諸邦非親即戚，要互相照顧，不可遺棄。戎狄與華夏截然黑白分明，大約百年之後，根據《國語》的記載，晉悼公也以同樣的心態欲伐戎以開疆拓土，對群臣說：「戎狄無親而好得，不若伐之。」戎狄貪得財貨連親人都不顧，故易於攻克。悼公利用戎人弱點，無緣無故發動侵略戰爭，吞併他們的土地，不貪嗎？我們再來看看同時代的另一事證。山戎無終國怕為晉所滅，先派人去打點，找上權臣魏絳疏通。魏絳受山戎無終之賄賂，籌謀阻攔悼公出兵攻打無終之計，藉楚威脅華夏的陳國以勸止悼公說：

勞師於戎而失諸華，雖有功，猶得獸而失人也，安用之？（〈晉語七〉）

兵力用於攻伐山戎，反而讓楚在中原稱霸，危及晉國霸主的地位，划算嗎？他說獲戎狄猶如「得獸」，失去陳國卻是「失人」，顯然不划算。華夏與戎狄就像人與獸的對比，相同的觀念心態用在不同的情境，魏絳的言行《左傳》也提到，他的論斷是：「戎，禽獸也。」

蠻夷戎狄在中國人的思維和論述中，主戰者說是「豺狼」，主和者同樣也說是「禽獸」，和戰取決於當時的政治情境，但他們對外族的偏見則無不同。這種對待「非我族類」的思維模式，秦漢以下幾乎鮮有例外，多在不同場合，給外國異族貼上古典的標籤，這是中國人長期以來對待域外異民族的一貫態度，主要原因之一恐怕是「其地不可耕而食也，其民不可臣而畜也。」地可耕、民可臣的話，早就納入版圖，直接統治，予以編戶齊民化了。

軍事既無法徹底征服，土地又不適合農耕，故難設官治民，班固於是總結道：

> 政教不及其人，正朔不加其國，來則懲而御（禦）之，去則備而守之；其慕義而貢獻，則接之以禮讓，羈縻不絕，使曲在彼，蓋聖王制御蠻夷之常道也。

中國不屑對戎狄、胡人以及匈奴進行教化，中國不頒給代表歸順服從的曆法，班固這般說，不知是「不能」呢，還是「不為」？但戎狄如果來侵，中國就加以攻打抵禦；如果跑了，中國也不必追，守在邊界，好好防備即可。如果戎狄羨慕中國的禮儀而來進貢，觀光上國，則以禮讓接待之，加以羈縻；讓戎狄知道所有的衝突都是他們沒道理，班固說這是古聖王「制御蠻夷」最常用的辦法。班固的確把祭公謀父「讓不貢、告不王」的意涵說得淺顯直白。

在中國眼中，對這些野蠻外族施以教化，讓他們變成中國人，簡直是給他們恩典呢！因此，遠方異族只配來朝貢，所謂「王會」或「職貢」就是這樣產生的。

〈王會篇〉的天下藍圖

古典的天下秩序，四裔對周王要「貢」，貢獻什麼？據孟子述說三代的稅賦，「夏后氏五十而貢，殷人七十而助，周人百畝而徹」（《孟子．滕文公上》），則貢是夏代的稅法。夏貢已不可考，因為孟子總結三代之稅「皆什一也」，顯然不是祭公謀父的「貢」，後者倒與《尚書．禹貢》的貢比較接近。

〈禹貢〉認為九州要貢其特產，東方的兖州平野，貢漆絲及有花文的絲織品（織文）；青州近海貢鹽、海物與葛布（絺），泰山地區則貢鉛、松、怪石；徐州要送來五色土、顏色艷麗的羽毛（夏翟），嶧山的孤桐，泗濱的磬石，淮水的蚌（蠙）珠與魚，以及玄色黑白相間（纖）和白色（縞）的絲織品。南方的揚州貢金銀銅、美玉（瑤）、美石（琨）、作箭的堅韌美竹（篠、簜），以及象牙（齒）、革、羽、毛和木料；也貢織貝、橘柚和青銅作坊不可或缺的錫料。荊州和揚州一樣，也提供羽、毛、齒、革，但還有稀金屬與椿、栝、檜等珍貴木材，礪、砥、砮等粗細不等的石材和朱砂，以及作箭桿的堅竹（簵、楛）、濾酒的菁茅，玄色與赤色的珍珠串，九江則貢大龜以供占卜。中原的豫州貢漆、麻（枲）、絺、紵（麻之一種）、繒（纖）絮（纊）和磨製為磬之石材（磬錯）。西南方梁州貢上等黃金（璆）、鐵、銀、鋼鐵（鏤）等金屬，砮與磬的石材，和熊、羆、狐、貍的皮毛及氈罽。西方雍州貢美玉（球）、麗石（琳）、珠（琅玕），和崑崙、析支（今青海）、渠搜（今鄂爾多斯）、西戎等遠地的織氈。正北冀州因為是帝都所在，不必貢獻。如果兩周各地諸侯對天子或霸主有所貢，奉獻當地特產應該是很合理的。所謂特產的貢品，當然也適用於九州之外的蠻夷戎狄，不過他們的特產在華夏人眼中多帶有稀奇古怪的意味。

除〈禹貢〉所述的華夏或中國圈內的貢品，另外《周禮・大行人》九服的前六服，即「九州」之地也有貢，王畿同樣不貢，其他五服進貢的禮物分別有嬪物、器物、服物、材物、貨物等名目。貢物細目《周禮》無說，據漢儒註解，嬪物，鄭司農說是「婦人所為物」，鄭玄則說「絲枲也。」器物，尊彝禮器；服物，玄纁絺纊之禮服；材物，珠、象（牙）、玉、石、木、金、革、羽之八材；貨物，即龜貝，猶如今天說的通貨。以上皆鄭玄之注。〈大行人〉的歸納太過刻板，不如〈禹貢〉切乎實情。至於九州之外的三服，如〈大行人〉所說：「各以其所貴寶為摯（贄）」。贄者見面的禮物也，經典文本簡略，只攏統謂之貴寶而已，但我們可以從《逸周書・王會篇》獲得一些想像。九州是華夏或中國的「我群」，上貢的特產都是王室貴族生活日用和禮器儀物的原料，其外之「他群」的貢物則頗怪異，為中土所罕見。

傳說西周成王有成周之會，始見於《逸周書・王會篇》，講述王朝大臣和外朝諸侯陪同召見遠方的外族酋長，都是蠻夷戎狄。但成王與四裔打交道，《史記・周本紀》只說：「伐東夷，息慎來賀，王賜榮伯作《賄息慎之命》」而已。息慎在哪裡？不可考。可能是〈王會〉的稷慎，或即肅慎，從孔子在陳國的故事倒可為〈周本紀〉這段記述找到旁證。《國語‧魯語下》記：「仲尼在陳，有隼集于陳侯之庭而死，楛矢貫之，石砮其長尺有咫。」鷙鳥中箭，墜死在陳侯宮殿的大中庭，箭很特別，一尺八寸長，石製箭頭，楛木箭桿。陳侯派人請教博學的孔子，孔子說：鷙鳥從遙遠地方來，這是肅慎氏之矢。孔夫子於是講說武王克殷，令九夷百蠻「各以其方賄來貢」的故事，其中「肅慎氏貢楛矢，石砮」，尺寸一如隼身上帶來的那支，而箭桿銘刻「肅慎氏之貢矢」幾個字。他說武王把肅慎貢矢分給長女大姬，大姬許配胡虞公，封於陳，貢矢作為嫁妝帶到陳國，派人清查文物典藏室，應可找到。果然，在一個銅櫃裡放著這樣的箭。這是武王時代的事，不是成王。

〈周本紀〉說的這篇《賄息慎之命》已亡佚，連《偽古文尚書》的作者也想像不來，沒有編造。孔子既然說，九夷百蠻都要來貢方物，「使無忘職業」，（〈魯語下〉）自然會流傳周成王和蠻夷戎狄交涉的故事。可能晚至戰國才問世的〈王會篇〉，卻成為後世有為君主的夢想，凡外國使節來見，贈送該國的特產，都被認為是「無忘職業」，按照他們的本分來進貢。

〈王會篇〉專門描繪四裔朝貢的場面。周人在成周城外空曠之地築壇，堆壘內、中、外三層土臺，內臺起堂，作為最高的第四層，天子立於堂上，南向，左邊唐叔、荀叔、周公，右邊太公望，都是朝中重臣。其次，堂下右立唐公、虞公，左立殷公、夏公，分別是堯、舜、商、夏的後代以示對聖王和前朝的尊重。堯舜和夏商後裔之外才是內臺，西面自北而南依次站立應侯、曹叔、伯舅、仲舅和比、要、荒三服諸侯。孔晁注：「此服名因于殷，非周制」，特別提醒這裡的「要服」「荒服」不是五服制所講的四裔。內臺東面立伯父、仲子，還有比、要、荒服諸侯。以上是第三層內臺。下降到第二層中臺，左泰士，右彌士，各四人，接受賓客之贄物。再降至第一層的外臺，陳列幣帛，有縛璧的蒼帛、虎豹皮和黑組紐，四隅搭帳篷以供休憩。外臺之外的平地則按東西南北排列四方遠來朝會的蠻夷戎狄，他們隨身都攜帶著寶貴的贄物。

四裔酋長排列在外臺周圍，東邊自北而南列稷慎等二十國，面朝西；西邊亦自北而南列義渠等二十國，面朝東；北邊東半部高夷等七國，西半部般吾等亦七國，共十四國，皆面朝南；南邊東半有權扶等五國，西半有魚復等三國，共八國，皆面朝北，共同圍繞高臺。四裔國名具見於我繪製的的「王會圖」（圖40）。這個朝會場景反映奉周王為共

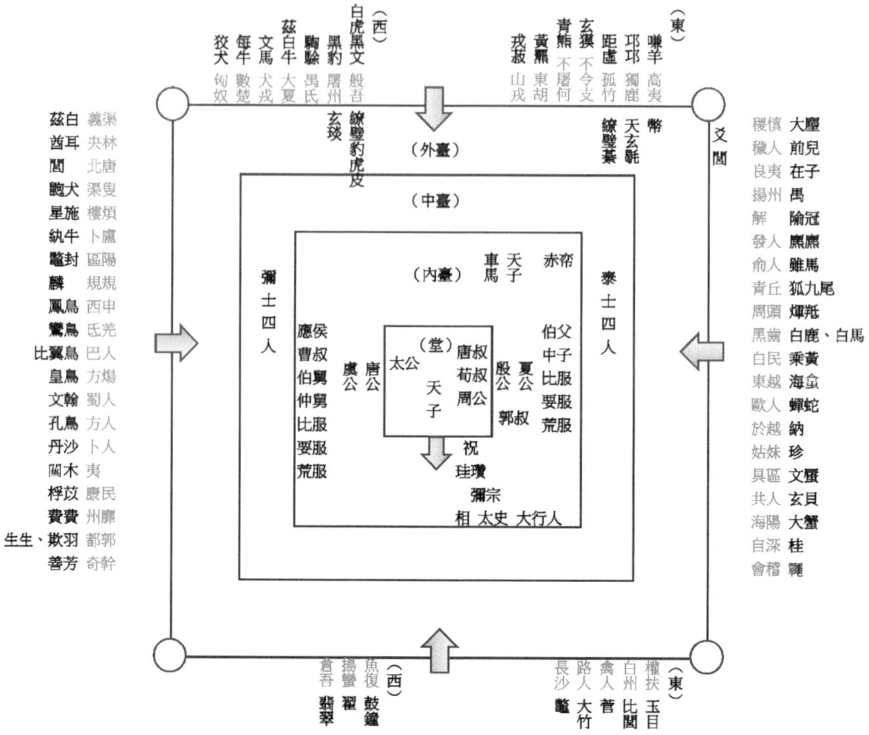

圖 40　王會圖

主的天下秩序，十足具象的模組，堂上內廷是權力中心，內臺是華夏諸邦，即「中國」，外臺之外則是四裔。

從文字體例考查，今存〈王會篇〉文本顯然有脫簡，南方殘脫尤甚。四方蠻夷戎狄簡，東方開頭說：「周公旦主東方，所之青馬黑鬛（鬣），謂之母兒；其守營牆者，衣青，操弓，執矛。」此格式，其他三方皆缺。又如某酋長帶某贄，如「義渠以茲白」，「央林以酋耳」，但多數漏掉「以」字。東西兩方各有二十國，北方只有十四國，南方八國，南北應該有遺漏。

四裔酋長攜帶的贄物多是奇禽異獸或山珍海味，皆該國所寶之特產，琳瑯滿目，有如三千年前在洛陽舉辦的世界博覽會。這些異物大體上還可以理解，尚不至於如《山海經》，尤其是《海外經》或《大荒經》的怪誕，只因「中國」所未有，或罕有，少見多怪，記述遂多少帶點神祕意味。下文所述多參考清人朱右曾的注解。[87]

高臺東邊，北起稷慎（肅慎）、穢人，往南經東越、於越、具區（今太湖）至會稽，大概從中國東北沿海而南至浙東。這一路東夷國家的特別贄物，稷慎的大麈（疑即麋鹿），發人的麃（自注[88]：若鹿迅走）、黑齒的白鹿白馬，以及周頭的煇羝（自注：羊

87 朱右曾，《逸周書集訓校釋》，臺北：臺灣商務印書館（1971），以下簡稱《集訓》。

88 按：所謂「自注」，不一定是〈王會〉作者的注，有可能是較早的注釋，後來被抄作正文。以下其他自注的文例都如此。

也），解的隃冠，〈王會〉下文曰：「閭似隃冠」，閭見於《山海經・北山經》，郭璞注：「閭即羭也，似驢而岐（歧）蹏（蹄），角如麢（羚）羊，一名山驢。」所以隃冠可能即是羭，如驢，歧蹄，羚羊角。以上都是近似馬、鹿、羊之類的野獸，中原少見而已。揚州的禺（自注：魚名）、東越的海盒（蛤），歐人的蟬蛇（鰻類也），於越的納（魶），姑妹的珍，具區的文蜃，共人的玄貝，海陽的大蟹，會稽的鼂（鼉，鱷也）等水產，生活在黃土地者難得有的經驗，但海濱之人不以為異。

自深國的桂，朱右曾《集訓》引《埤雅》云，桂有三，曰菌桂、牡桂、桂，皆生南海山谷間。這是東夷諸國視為珍寶的植物，具有特殊的藥效，已近於南方，故孔晁注曰：「自深，南蠻也。」按《神農本草》上經有箘（菌）桂和牡桂，屬上品。箘桂，「養精神，和顏色……久服輕身、不老，面生光華，媚好常如童子。」長期服用，可保青春永駐。牡桂，「補中益氣，久服通神，輕身不老。」陶弘景《名醫別錄》亦列在上品，據他說：菌桂生交趾、桂林山谷巖崖間，牡桂生南海。上品還有桂，「堅骨節，通血脈，……久服神仙，不老。生桂陽。」[89] 桂陽在今湖南省東南，已近五嶺。

其他東夷算上奇怪之禮物者，有俞人的雖馬，孔晁云：即巂，如馬一角。雖馬或許是類似西方傳說的獨角獸（Unicorn），和青丘的九尾狐一樣，都屬於神話動物。穢人的前兒，〈王會〉自注：「前兒若獮猴，立行，聲似小兒。」朱右曾《集訓》引《爾雅注》以為是鯢魚，恐不確。鯢魚雖聲如小兒啼，但不可能若獮猴立行。良夷的在子，〈王會〉自注：「在子，幣身人首，脂其腹，炙之藿則鳴曰『在子』。」幣，朱右曾《集訓》疑即鼈（鱉）。身如鱉形，人頭，肚皮有層厚厚的肥肉，豆葉燒之，會發出「在子」的叫聲，故名。白民的乘黃，自注：「乘黃者似狐，其背有兩角」，按《山海經・海外西經》有相同的記載，並云：「乘之，壽二千歲。」神話性十足，但禮品的確都是人間罕見之物。

高臺西邊站立的酋長，北自義渠、央林以南，經樓煩、氐羌、巴、蜀，至都郭、奇幹。義渠、樓煩，史書多有記載，起自今寧夏靈武、固原及晉北，南下經青藏高原東沿

89 參王筠默、王恒芬輯著，《神農本草經校證》，長春：吉林科學技術出版社（1988），頁217, 219；尚志鈞輯校，《名醫別錄》（輯校本），北京：人民衛生出版社（1986），頁35-36。

和四川西部，最南的都郭、奇幹不可考，可能當今貴州、雲南地帶。這條西線的戎狄所貢贄物多猛獸和異禽：義渠的茲白，「若白馬，鋸牙，食虎豹」形狀像白馬，但有鋸子般的牙齒，可食虎豹等猛獸；央林的酋耳，「身若虎豹，尾長參其身，食虎豹」，尾巴長度是身體的三倍；渠叟的鼩犬，「露犬也，能飛食虎豹」，雖然自注露犬，仍無法推想其形狀。（以上皆〈王會〉自注）和這三種猛獸相比，虎豹反而成為溫馴的動物了。北唐的閭，「似隃冠」，如驢；樓煩的星施，自注：「珥旋」，朱右曾《集訓》云即旄牛（氂牛）；卜盧的紈牛，自注：「牛之小者也。」這兩種動物為經驗世界所有，奇與不奇在於識或不識而已。

但區陽的鼈封，〈王會〉自注：「若彘，前後有首」，雙頭野豬的奇獸；規規的麟，〈王會〉自注：「仁獸也。」麟，中國古書見於《詩經》，孔子雖然知見，給牠定名而且寫入《春秋》，但到底是什麼樣的動物，記載這事的《左傳》始終沒明說；至於如後世所傳的似鹿、牛尾、一角、馬蹄者（孔晁注），已經神話化了。異禽則有西申的鳳鳥，〈王會〉自注：「戴仁、抱義、掖信」，只說了古代中國人賦予的道德義涵，卻沒有交待形象。後世龍鳳並稱，《說文解字・鳥部》云：「鴻前麐（麟）後，蛇頸魚尾，鸛（鶴）顙鴛思（腮），龍文虎背，燕頷雞喙」，神奇之至，難怪許慎說「鳳」是神鳥。氐羌的鸞鳥，與鳳相類，方煬的皇鳥，鳳雌而凰雄，凡此皆如龍或麒麟，已被後世加以神話化，究竟原來長成什麼樣貌，典籍無傳。牠們大概和蜀人攜來的文翰、方人的孔鳥（孔雀）一樣，屬於艷麗的美禽。文翰是一種有文采之鳥，自注：「若皋雞」；另外巴人的比翼鳥，舊注云，似鳧，青赤色。這些美禽都出於今四川境內。最南端的奇幹出善芳，〈王會〉自注：「頭若雄雞，佩之令人不昧。」昧，迷也。善芳的羽毛具有辟邪作用，佩戴可以避免鬼怪的迷惑。

西邊外族之禮物，還有卜人的丹沙、夷的闟木、康民的桴苡。闟木可能是烏文木，其堅若鐵；桴苡，〈王會〉自注：「其實如李，食之宜子」，有助於生育，和丹沙一樣，皆具實用性。州靡的費費，後世寫作狒狒，〈王會〉自注：「其形人身，反踵自笑，笑則上脣弇其目，食人，北方謂之土螻。」《山海經・海內南經》：有梟陽國，「其為人，人面長臂，黑身有毛，反踵，見人笑亦笑，左手操管。」郭璞注：反踵，腳跟反向。都郭的生生，亦作「狌狌」，即猩猩，〈王會〉說「若黃狗，人面能言。」狒狒和猩猩都好理解，但中原未見，故在〈王會〉作者筆下成為怪物，其他不可解的動物也可能是這樣造成的。猩猩之外，都郭之贄還有欺羽，朱右曾認為可能是鵰類之禽。

高臺北邊分東西兩半，各有七國，酋長位置自東而西，與該國實際地理方位相同。東起高夷，即高驪，西止於山戎，中經獨（涿）鹿、孤竹、不令支（「不」發語詞，即令支）、東胡，皆史籍通見之戎狄。高夷的嗛羊，「羊而四角」；獨鹿的邛邛，自注：「善走者」，舊注云：「青獸，其狀如馬。」孤竹的距虛，孔晁云野獸，驢騾之屬；令支的玄獏，《爾雅》注：似熊，小頭，庳腳，能舔食銅鐵竹骨；東胡的黃羆，亦熊類。只有山戎帶來做為見面禮，名曰戎菽的巨豆是植物，其他皆是北方動物。

繼續往西的禺氏、大夏、犬戎、匈奴，亦是史籍常見的民族或國家。般吾的白虎黑文，舊注引《經典釋文》云：「不食生物，有至信之德則至」，類似麒麟的神異。屠州的黑豹，顯係猛獸；匈奴的狡犬，「巨身、四足果（倮）」，是四足無毛的巨犬，應該相當凶猛。禺氏的騊駼，似馬而青色，《史記》說是匈奴的奇畜（〈匈奴列傳〉）；犬戎的文馬，「赤鬣縞身，目若黃金，名吉黃之乘」，紅鬃白毛，這兩種皆屬於馬類。大夏的茲白牛，「野獸也，牛形而象齒」，似異獸；數楚的每牛，「牛之小者」，如果釋作

《山海經．西山經》的犛，「如牛而蒼黑，犬目」，並不稀奇。

正南的蠻族，其中長沙、魚復、揚蠻、倉吾（蒼梧）地望可推。從東到西，權扶的玉目是一種光亮的小玉；白州的比閭，「其華若羽，伐其木以為車，終行不敗」，當係一種堅木，作車耐磨。禽人的菅，路人的大竹，和長沙的鼈，皆實用植物與水產。魚復的鼓鐘，自注云：「鐘牛」，孔晁注解把鼓和鐘分開，說是：「鼓及鐘而似牛形者」，太曲折了；朱右曾引王念孫《讀書雜志》曰：「鐘牛未詳」，或許是某一種不明的牛形異獸。[90] 揚蠻的翟（山雉），倉吾的翡翠，自注：「翡翠者所以取羽」，和翟一樣，羽毛鮮豔。

傳統說法把〈王會篇〉歸於周武王，唯開篇說「成周之會」，武王不及營建成周，故應該歸於成王。然而《尚書》可信的周初文誥雖有〈多方篇〉，告「四國多方」，完全看不到〈王會〉絲毫蹤影。事實上，要東西南北遙遠地方的人同一時間在同一地點集

---

90 〈王會〉原作「魚復鼓鐘，鐘牛。」當讀作「魚腹以鼓鐘」，而下文「鐘牛」可能是自注。

會，即使今日訊息之快速，交通之便利也相當困難，何況是三千年前，〈王會〉不過是後人的想像寄託罷了。劉知幾注意到「〈職方〉之言與《周官》無異，〈時訓〉之說比〈月令〉多同」，而論斷為「百王之正書」。（《史通・六家》）他或意指〈王會〉是西周的正典，但從對比的篇章來看，反而透露當是戰國時代的著述。〈王會〉所描繪的天下秩序類似〈職方〉，著作時代相近。

誠如上文所論，戰國時代「中國」意識已經形成，大國如魏、齊、秦多想稱王，而楚則早已稱王了。當時社會也有「定於一」的呼聲（《孟子・梁惠王上》），遠方四裔來賓成為理想君王的必要門面，於是把所知的地理與民族知識，以《山海經》的風格鋪陳出這個壯闊的場面。《周禮》的建國藍圖〈職方氏〉只講述天下九服的政治架構，〈大行人〉才規範屬於「內」的「中國」六服所該負擔的貢品，但對於「外」的夷狄三服無貢，只說：「世壹見，各以其所貴寶為摯（贄）」而已，〈王會篇〉可以作為〈大行人〉四裔「貴寶為贄」的注解。荀卿理想的天下秩序，列舉四裔來貢的特產，北方是走馬吠犬，南方有羽翮、齒革、曾青、丹干（矸），東方有紫紶（蚨）、魚鹽，西方是皮革、文旄（《荀子・王制篇》），楊倞注：曾青，銅之精，可繢畫及化黃金；丹矸即丹砂，紫紶即紫貝。[91] 荀子規畫的四裔，貢獻的禮物都不如〈王會篇〉的神奇詭異，雖然失之概略，這位大儒說的才是真實世界的事物。

〈王會〉的贄物，即《周禮・懷方氏》遠方之民所致之方貢、遠物，用「贄」字，還有一點視遠人如賓客的意味，但在「天無二日，民無二王」（《孟子・萬章上》）的天下觀裡，即使不在統治範圍內，也把遠客帶來的禮品等同九州的「貢」品，納入天子腳下。在中國傳統觀念中，四裔是不可能獲得平等對待的，自古已然；及至秦漢帝國取代周的五服秩序，擴大到周邊的國家，自然也都算是蠻夷戎狄。但對於更遙遠的國家又如何看待呢？

史載東漢桓帝延熹九年（一六六）大秦國王安敦遣使奉獻象牙、犀角、瑇瑁（玳瑁）（《後漢書》〈桓帝紀〉、〈西域傳〉）。來自羅馬，是真正的遠國了。既是使節，當有國書，〈西域傳〉提到「表貢」，可見貢品之外還有書表。這位安敦王即羅馬皇帝

---

91 參王先謙，《荀子集解》，臺北：世界書局（1962），頁103。

Marcus Aurelius Antoninus，西元一六一年至一八〇年在位，約當中國東漢桓帝、靈帝期間，史稱羅馬帝國五位賢君，他是其中之一，也是最後一位「羅馬盛世」（Pax Romana）皇帝，同時又是斯多葛（Stoic）學派哲學家，簡樸自律，有希臘文名著《沉思錄》（*Meditations*）傳世。這樣的帝國能看作蠻夷嗎？國書如何自稱，又怎樣稱呼漢皇帝？史料不傳，無從論斷。范曄〈西域傳〉以「並無珍異」而「疑傳者過焉」，傳說太過了，不可信。單憑禮物沒有稀奇的珍品，就懷疑所謂使臣是商賈假冒的，恐怕缺乏說服力。

今日難得看到外國國書的樣貌和內容，但隋朝卻留下片段資料，雖然簡略，當是原文，彌足珍貴。《隋書・東夷列傳・倭國》記載：「大業三年（六〇七），其王多利思比孤遣使朝貢，……其國書曰：『日出處天子致書日沒處天子無恙』云云。」天既然無二日，怎能容有日出和日沒兩處天子？隋煬帝「覽之不悅」，乃命令掌管四夷朝貢、宴勞、給賜諸事務的鴻臚卿，爾後「蠻夷書有無禮者，勿復以聞。」到隋朝時，倭國早已有漢字文書，國書應該是寫漢文，史官雖然只記錄一句話，卻保存對等稱謂的兩「天子」與平等的用語「致書」。這份日本國書打破中國人自古以來的天下想像。難怪楊廣看了很不高興，交代：以後這類不懂禮制的夷書，不要再上呈。

後世國書除日本、朝鮮、琉球和安南會寫漢文外，其他大概都要經過中國外交部門翻譯、修飾，才呈給皇帝閱覽，稱謂自然改作有上下之分，遣詞用字也恭謹地採尊卑之別，所以早期文獻的「贄」字便不再用，於是或「朝」或「貢」，史不絕書，這就是日本東洋史學者所謂「朝貢體制」的真相。不只文書用語的禮儀，中國這套天下秩序還有更深層的意義值得探討。

〈王會〉或〈職方〉是否反映了孔子理想的天下秩序，修文德以來遠人，我們不得而知。無論如何，當中國本部奠立、以皇帝為中心的集權政體出現後，〈王會篇〉所述四裔的朝貢遂成為歷代帝王追求的目標，既彰顯國威，又可宣揚遠人來服的聖王形象。但從漢武帝、王莽以下，外國人進行所謂的「朝貢」，多是中國派遣使臣利誘來的。

《漢書‧地理志下》說，南海諸國「多異物，自武帝以來皆獻見。」而所謂獻見者，是武帝派遣黃門（即宦官）為譯長，「齎黃金雜繒」，募冒險勇士，「入海市明珠、璧流離、奇石異物。」其實是帶著黃金絹綢去海外貿易的。王莽更擅長宣傳造假，他輔政時，「欲耀威德，厚遺黃支王，令遣使獻生犀牛。」這就是朝貢的真象。

沒來或不來朝貢者，中國則「招諭」之，招諭不到便出動大軍征伐，隋煬帝打流求國，元世祖攻日本，多是這套路數，不過蒙元遠征軍團遭遇風暴幾盡沈沒。歷史上規模最大的招諭就是明成祖遣太監鄭和統領寶船往西洋諸番「開讀賞賜」，馬歡負責通譯（《瀛涯勝覽・序》），用中國特產（如絲綢）換取當地國進獻方物，於是構成明成祖「四方來朝」的盛世榮景。若把這些「朝貢」的景象匯聚在一起，訴諸丹青，予以具象化，就出現歷朝的「王會圖」或「職貢圖」。

職貢圖的天下觀

職貢圖的繪製始於何時？舊說以為始自西元六世紀前半的梁元帝蕭繹，臺北故宮博物院藏有五代南唐顧德謙的摹本「摹梁元帝蕃客入朝圖」，來貢者計三十三國（二國遺漏題榜）。〔圖41〕乾隆為此圖題識，頗多質疑。[92]他說：「元帝於侯景亂後，已以長江為限，荊州界北盡武寧，西拒峽口，嶺南為蕭勃所據，詔令所行不過千里，民戶著籍不盈三萬，豈尚有番夷朝貢之事？」從常情推斷，這麼疲弱的國家的確難有四方遠來朝貢的盛景，何況蕭繹在位又不滿三年（五五二～五五四）。然而自以為遠邁梁元帝的乾隆帝，卻疏於考據，話也說得太滿了。

中國人所謂「朝貢」，實際上外國人更在意於貿易，由於中國愛面子，使外國人樂於得裡子，這種模式可謂千古恒常，於今尤烈。乾隆帝當然沒有這種認識。這一層姑且不說，即使梁朝蕭繹作圖難免有誇大之嫌，核對歷史紀錄，去事實並不遠，乾隆則完全未加細究，拿起筆來就在顧德謙摹本的卷首長篇大論。

蕭繹繪製職貢圖是在他鎮守荊州時[93]，尚未登上帝座。他的〈職貢圖序〉說得很清

92 劉芳如、鄭淑方主編，《四方來朝——職貢圖特展》，臺北：國立故宮博物院（2019），圖版No.4。
93 《梁書．元帝記》：武帝普通七年（五二六）「蕭繹出為史持節，都督荊湘郢益寧南梁六州諸軍事、西中郎將、荊州刺史。」

楚，「臣以不佞，推轂上游」，梁都建康（今南京），上游即指荊州。亞洲內陸國家的使節或商旅要到建康，多取道荊州，南海諸國自廣州登陸北上，也先到這裡，然後沿長江而下，故荊州才有「夷歌成章，胡人遙集，款闕蹶角，沿泝荊門」（序文）的盛況。對這些外國使臣，蕭繹「瞻其容貌，訊其風俗，……別加訪採，以廣聞見，」於是繪作這卷職貢圖，時間在「皇帝君臨天下之四十載」，即梁武帝大同七年（五四一）。[94] 考察《梁書》，武帝時代外國使節來華確實很活絡，所以後人題為「梁元帝蕃客入朝圖」的職貢圖，是蕭繹贊頌其父武帝蕭衍豐功偉業的畫作，不是在表揚他自己。

此圖題榜的國名多見於《梁書》〈武帝本紀〉與〈諸夷列傳〉，詳記各國遣使貢獻方物的年月或日。梁武帝在位長達四十八年（五〇二～五四九），唐朝史官在本記論贊頌揚他的統治，「征賦所及之鄉，文軌傍通之地，南超萬里，西拓七千；其中瓌財重寶，千夫百族，莫不充牣王府，蹶角闕庭三四十年，斯為盛矣，自魏晉以降，未或有焉。」考《梁書》本紀〈武帝中〉朝貢始自天監二年（五〇三）七月，「扶南、龜茲、中天竺國各遣

94 梁元帝〈職貢圖序〉，收入《輯佚類地理文獻集成》四，上海：上海交通大學出版社（2009），頁720-721。年代考訂見陳連慶，〈輯本梁元帝《職貢圖》序〉，《古籍整理研究學刊》1987年3期，頁1-4。

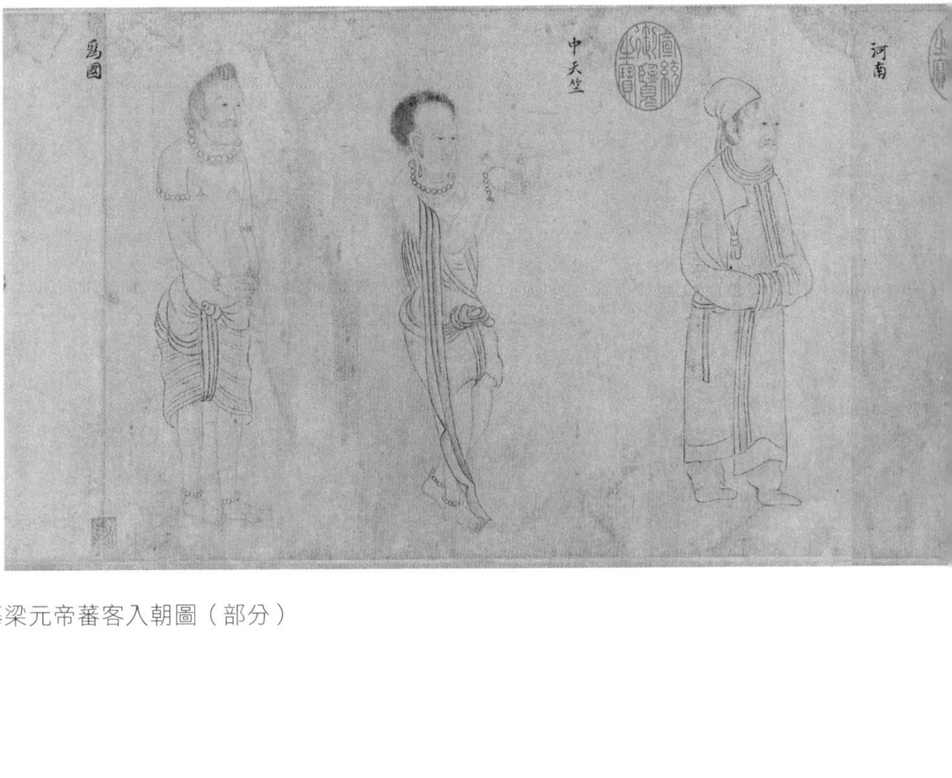

圖41　摹梁元帝蕃客入朝圖（部分）

使獻方物」，至中大同元年（五四六）八月渴槃陁國遣使為止，長達四十三年之久，共六十個國次，現在將這期間來使國家列〔表三〕於下：

表三　梁武帝朝來使之外邦

年代	國名	註
天監元年，503	扶南、龜茲、中天竺	扶南，林邑西南；龜茲，西域舊國；中天竺，國臨大江，名恒水
三年，504	北天竺	北天竺，今印度次大陸北方，巴基斯坦、阿富汗
五年，506	鄧至	鄧至，今四川九寨溝縣西
九年，510	林邑	林邑，越南中部
十年，511	宕昌	河南之東南、益州之西北、隴西之西
十一年，512	宕昌	
十三年，514	扶南、于闐	于闐，西域南道大國
十四年，515	狼牙脩	狼牙脩，在南海中
十五年，516	高麗、芮芮、河南	高麗，即高句驪，今北韓；芮芮，匈奴別種
十六年，517	河南、扶南、婆利	婆利，在廣州東南海中
十八年，519	于闐、扶南	
普通元年，520	扶南、高麗、滑國、河南、胡蜜丹、干陁利	滑，車師之別種，胡蜜丹，滑旁小國；干陁利，在南海洲上
二年，521	百濟、新羅	百濟，今南韓西部；新羅，今南韓東部
三年，522	婆利、白題	白題，在滑國東，西極波斯
四年，523	狼牙脩	
七年，526	滑國、河南、林邑	
大通元年，527	林邑、師子、高麗	師子，天竺旁國，錫蘭也
二年，528	芮芮	
中大通元年，529	芮芮、盤盤	盤盤，今泰國南萬倫(Ban Don)港
二年，530	林邑、扶南、丹丹	丹丹，今馬來半島中部
三年，531	狼牙脩、波斯	波斯，今伊朗
四年，532	盤盤、高麗	
五年，533	河南、波斯	
六年，534	林邑	
大同元年，535	高麗、丹丹、波斯、扶南	
四年，538	河南、芮芮	
五年，539	扶南	
六年，540	河南、盤盤	
七年，541	宕昌、高麗、百濟、滑國、芮芮	
中大同元年，546	渴槃陁	渴槃陁，于闐西小國

傳世顧德謙摹本梁職貢圖二十四國，另外一蕃三蠻，按武興蕃，《梁書・諸夷列傳》作武興國，則在南北朝列國並存的時代，臨江、天門、建平雖名「蠻」，實亦「國」也。職貢圖的國名與《梁書》的記載若合符契。當時來使國家大分為三類，即西北諸戎、東夷之國和海南諸國。第六世紀上半，國際外交活動這麼頻繁，在中國歷史上，恐怕也是罕見的吧。「梁元帝蕃客入朝圖」製作的政治社會背景如此，愛好賣弄學問的愛新覺羅弘曆顯然一時失考。

蕭繹之後，唐閻立本「職貢圖」繼之，畫史上也最馳名。畫作藏於臺北故宮，人物高鼻深目，手捧奇珍，有檀香木、象牙、珊瑚等，還有手牽脩長犄角山羊的奴隸，也有跨坐肩上的侏儒。〔圖42〕禮物多是東南亞及南海的特產，或推測應是唐太宗貞觀五年（六三一），婆利（或今汶萊）、羅剎（今錫蘭島）、林邑（今越南中部）三國來朝之事。[95] 故宮也藏有閻立本繪製的「王會圖」，計二十三國，只有人物及國名題榜，無禮

95 劉芳如、鄭淑方，上引書，頁244。

物，國家含蓋中亞、南亞、東亞及東南亞，還包括福建的少數民族，當時可能視作國家。明朝醫家王肯堂為此圖卷題寫長跋說：「山梯海航，王會未書，職會（「方」之誤）莫紀。」唐朝萬邦來朝的景象的確遠比西周還盛。

以後歷朝歷代都不乏這類畫作，世傳有北宋李公麟畫的「萬國職貢圖」及南宋蘇漢臣畫、趙孟頫書的「萬國朝宗圖」，皆藏於臺北故宮。萬國朝貢的浮誇風氣，連文弱的趙宋亦不缺席；但如果從外國人的觀點，來中土主要在貿易，朝貢不過是為獲准登岸入關的禮儀而已，便不難理解了。總之，不論朝貢或貿易，到清乾隆朝

圖 42　唐閻立本職貢圖

這個圖繪盛世的傳統臻於極致，有題「臣謝遂恭畫」的「職貢圖」四卷傳世，亦典藏在臺北故宮。第一卷西洋、外藩圖七十幅，其他三卷多是清帝國境內非漢民族兩百三十一幅，實現古代「普天之下莫非王土，率土之濱莫非王臣」的理想。

職貢圖就表現形式論，可以分作兩類，一是貢使攜帶禮物者，如閻立本「職貢圖」、李公麟「萬國職貢圖」、蘇漢臣畫、趙孟頫書的「萬國朝宗圖」等；另一類只畫各國人物，如閻立本「王會圖」、南唐顧德謙「摹梁元帝蕃客入朝圖」以及謝遂「職貢圖」。這兩類往往都有榜題或簡要題識，記述該國民族與文化，算是一

篇簡要民族誌。傳世職貢圖數量頗豐，內容龐雜，存在著畫作真偽的問題，作為史料，仍需多加甄別。不過，以內容論，職貢圖的確呈現中國人對異族外邦的知識，考證鑽研之後，當會發現存在著想像與實際雜錯的現象，但也會反映當代的政治經濟情況。

羅馬史家佛羅魯斯（Lucius Annaeus Florus, 西元七十四～一三〇）的《羅馬史綱》（*Epitome of Roman History*）最後一章述奧古斯都封神的盛世（deification of Augustus）說，西方與南方所有民族皆臣服，北方萊茵與多瑙兩河之間，東方從庫拉河（Cyrus）到幼發拉底河（Euphrates）的國家也都在帝國控制之下。草原斯基泰人（Scythians）和撒兒馬梯人（Sarmatians）遣使尋求友誼，住在太陽直射之下的賽里斯人（Seres，即Chinese）和印度人趕著大象，攜帶寶石真珍，經過四年的長途跋涉而來進貢大禮。[96]這番記述，換在中國畫家筆下，必能繪製出精彩絕倫的職貢圖。

大凡廣土眾民的帝國都有遠人來服的虛榮心態，但像梁朝只剩下半壁江山，而趙宋與遼、金、西夏、蒙古並列，卻也都在紙面上過天下大一統的癮，追根究柢，恐怕還是和長久的天下觀傳統息息相關。所以明明外邦人是來做生意，也非借朝貢之名不可。中國統治者有廣土眾民這塊大餅，求利的外國人不能不趨之若鶩，但得按照中國的規矩來。最近二、三十年來我們看到的情況，乃自古以來的慣行，只是雙方呈現的方式有傳統與現代之異罷了，骨子裡並沒有大改變。

職貢圖既然建立在外族異邦來「朝」，來「貢」，來服「職」事的前提上，基本的目的還是在宣傳，對我朝今上的歌功頌德，外邦職貢只作為表達歌頌的媒介而已。明成祖永樂十年（一四一三）使少監楊敕（敕，疑為「敏」字之誤）等人往榜葛剌（今孟加拉國與印度西孟加拉邦），[97] 翌年該國遣使奉表，進獻長頸鹿。這是中國人素所未見之獸，卻又被中國人硬套上了未曾見過的傳說動物「麒麟」之名。〔圖43〕

---

96 Lucius Annaeus Florus, *Epitome of Roman History*, with an English Translation by Edward Seymour Forster, London, William Heinemann Ltd., (1929), Book II, pp. 349-351.

97 費信《星槎勝覽》前集目錄，楊敕，馮承鈞云：「朱本作敕，疑皆敏字之誤。」參馮承鈞校注，《星槎勝覽校注》，臺北：商務印書館（1962），頁1。

圖 43　明人畫麒麟沈度頌

南宋趙汝适《諸蕃志》（一二二五年序）弼琶囉國條記載：其國有「獸名徂蠟，狀如駱駞（駝）而大如牛，色黃，前腳高五尺，後低三尺，頭高向上，皮厚一寸」，應該是長頸鹿（giraffe）。馮承鈞校注云：「弼琶囉乃Berbera之對音，今非洲Somali沿岸之地。」又云：「giraffe，波斯語名zurnapa，阿剌壁（阿拉伯）語名zarafa，故「徂蠟」蓋即Somali語giri之對音，也是今日英、法語之所本。[98]」趙汝适的資訊是他任提舉福建路市舶司時「詢諸胡賈而得」，遂以譯音名之。明代永樂年間隨鄭和出使西洋的費信，所述《星槎勝覽》天方國條，記其國之動物有獅子、駱駝、祖剌法、豹、麂和高八尺的天馬。費氏並沒到過天方，所以「祖剌法」之名也是得自胡商，故不會有麒麟的附會。

麒麟長成什麼樣子，中國典籍不可考。魯哀公十四年（西元前四八一）《春秋經》曰：「西狩獲麟。」據《左傳》，原來是專門為叔孫武叔駕車的御者鉏商狩獵獲得的野獸，前所未見，以為不祥，叔孫遂賜給林囿管理員（虞人）。高齡已過七十的孔子一聽有不知其名的異獸，興致很高，趕去觀看，告訴人家說：「麟也」。這頭異獸的形狀《左

98 馮承鈞，《諸蕃志校注》，長沙：商務印書館（1940），頁57-58。

傳》並沒有任何記述，至於上文提到西晉孔晁注《逸周書》〈王會篇〉的麟，鹿身牛尾而一角，以及明王圻父子編撰的《三才圖會》所畫的異獸，龍首鹿身馬蹄牛尾，都是自然界不存在的神話動物，但很早就被賦予「仁獸」的美譽，東漢許慎的《說文解字》就這樣定性了。

長頸鹿生長於非洲，南亞偏東邊的榜葛剌（孟加拉）如何得到，不可知；而如此異獸，不遠萬里來貢，永樂帝乃命宮廷畫工圖寫其形，翰林院修撰沈度題記〈瑞應麒麟頌〉。[99] 頌序直接點出祥瑞異物的由來，乃皇帝「德化流行，協和萬邦，三光順序，百靈効職」之故。「協和萬邦」是《尚書．堯典》恭維聖王堯帝偉業的話，符應今「皇帝陛下與天同德，恩澤廣被，……和氣融結，降生麒麟，以為國家萬萬年太平之徵。」榜葛剌致贈的長頸鹿只不過讓明廷臣子獻媚皇帝多個憑藉罷了，他們並不考辨名物，也不問榜葛剌如何會有這種動物。任何關於地理學、博物學或交通貿易、人物往來的問題，明廷大臣都沒有興趣探詢使節，只一口咬定今上「致治法古，萬方底定，……和氣薰蒸，溢于寰宇。」永樂帝的聖德甚至使遠在大明「西南之陬，大海之滸」的國家，「寔生麒麟」，你說今上偉大不偉大？麒麟「大瑞茲至」，直如「岐鳳鳴周，洛龜呈禹」，在沈度這種佞臣口中，這個滅姪奪位的永樂帝簡直是德比周文，功邁夏禹了。

職貢圖作為皇上德澤、天下太平的表徵，所繪畫民族之複雜，國度之遙遠，清乾隆二十六年（一七六一）宮廷畫家謝遂完成的四卷「職貢圖」達到前無古人、後無來者的境地。[100] 早在十年前，乾隆帝曾令大學士傅恆傳達諭旨：「著沿邊各省督撫於所屬苗、猺、黎、獞以及外夷番眾，仿其服飾，繪圖送軍機處，彙齊呈覽，以昭〈王會〉之盛。」[101] 他要做周武王、周成王，複製周朝盛世。第一卷畫外國，包括東北亞、東南亞和西歐，俄羅斯，還有地位特殊的西藏、蒙古、新疆；第二卷畫滿洲、福建、臺灣、湖南、兩廣；第三卷，畫甘肅與四川，明清稱作「西番」者；第四卷畫雲貴等地的少數民族。大體而言，職貢圖不包含中國本部直接統治區的編戶齊民，只圖繪傳統的勢力範圍，而外邦即使帝力不及，既在四裔之列，當然也要奉戴普天之下的唯一皇帝，至少中國帝

99 劉芳如、鄭淑方編，《四方來朝——職貢圖特展》，圖版No. 15，釋文頁252。
100 同上，參圖版Nos. 16, 17, 18, 19，釋文頁253-279。
101 傅恆等編著，《皇清職貢圖》，瀋陽：遼瀋書社（1991），頁1。

圖 44　乾隆職貢圖（部分），鄂（俄）羅斯

圖 45　乾隆職貢圖（部分），荷蘭國

王都有這種想法。

乾隆「職貢圖」，每圖繪盛裝男女各一人，形貌或服飾介於真實和想像之間，倒是榜題的文字說明，可以當作一篇簡要民族誌，茲選錄部分敘述，以見其概況。譬如卷一「鄂羅斯夷人」（圖44）云：「其民聚處城堡，居止有廬舍，水陸有舟車，服氈罽，喜飲酒，屑麥為餅，不飯食，性矜夸貪得。尚浮屠，自國王至庶民有四季大齋數十日。」俄羅斯人好喝

酒，不食大米飯，吃麵包。所謂浮屠是指東正教，教士高冠黑袍，長鬚拂胸，形象莊嚴。一年四季大齋數十日，必定包含東正教十二大節。

又如「荷蘭國夷人」〔圖45〕云：「夷人以黑氈為帽，遇人則免冠，挾之以為禮。著錦繡絨衣，常握鞭佩劍。夷婦青帕蒙髻，領圍珠石，肩披巾縵，敞衣露胸，繫長裙，以朱革為履。」講荷蘭人的男女服飾儀節，男子見面脫帽為禮，婦女袒露胸部，應該讓中國人側目，印象深刻，但榜題並沒有道德批判，所以我們說近似民族誌。如果全面檢視，應可了解盛清時中國人對於世界民族的知識水平。

第二至四卷涉及的地域多已隸屬清之版圖，第一卷的蒙藏和新疆多在清廷牢牢控制之下，但仍不同於中國本部，沒有編戶齊民化，屬於勢力範圍，在這套「職貢圖」的脈絡裡，與完全獨立的外國併列，推其原因或許要呈現華夷皆臣服的帝國意象吧。所以在圖作完成以後，新有歸附者，乾隆帝立刻命令增繪，補入全卷之中，如第一卷的愛烏罕、土爾扈特臺吉和整欠、景海。御題云：「愛烏罕、霍罕，距拔達克山尚三月餘程，重四譯始達」這些國家或部族是要經過四種語言的疊譯才能夠與北京溝通。土爾扈特臺吉，

「棄其舊居俄羅斯之額濟勒（伏爾加河）游牧，率屬歸順」；整欠、景海在泰緬邊界雲南邊徼之外，「地在僻遠」也來歸屬，都是皇帝聖明之故，當然要圖繪。一北一南，分別在乾隆二十八年至三十六年間（一七六三～一七七一）三批歸附，皇帝遂命增補，「以誌遠服，昭來許」。[102] 民族類別愈多，路途愈遙遠，愈能彰顯「普天之下莫非王土」的功業，難怪日理萬機的乾隆帝毫不遺漏地要求補全，並且親自題識。

乾隆皇帝為四卷「職貢圖」分別題引首，第一卷是「蘿圖式廓」，謂列入版圖規模之大，其次依序是「卉服咸賓」，云島夷來朝；「琛賚雲從」是說相繼進貢寶物，「梯航星集」謂遠渡重洋而來。這些冠冕堂皇的題字和繪畫的內容，與事實並不完全相應，譬如第一卷的歐洲、東北亞、東南亞諸國家，怎可能是版圖？榜題名其官為「夷官」，其民為「夷人」（只有朝鮮國稱「民人」例外），視若四裔，不過反映中國人自大的心態罷了。乾隆可是代表這種心態的頂峯。乾隆皇帝還為謝遂「職貢圖」作詩，抒發不可一世的豪情，詩云：

累洽重熙四海春，皇清職貢萬方均；

書文車軌誰能外，方趾圓顱莫不親。

地理方位只有四方，如古語的「萬方有罪」（《墨子・兼愛下》）實際也是「四方有罪」，（《孟子・梁惠王下》）說「萬方」則更誇大普天之下無所不包的大氣，卻變成中國的常用語，如果只說四方職貢，似乎有點不足吧。統一文字和同寬車軌是天下統一的象徵，秦始皇滅六國後的政令措施，史書所說的「車同軌，書同文」，只限於中國，乾隆則遠遠超越中國之外，天下在他的統御之下，凡作為人者（方趾圓顱）無不沾其恩澤。

詩又曰：

那許防風仍後至，早聞干呂已咸賓，
塗山玉帛千秋述，商室共球百祿臻。

102　劉芳如、鄭淑方主編上引書，圖版No. 16，幅第60, 65, 68，釋文頁258。

防風氏後至，典出《國語・魯語下》，說夏禹會諸侯於會稽，屬於傳說；干呂，典出《海內十洲記》，謂九州以外遙遠之地都賓服。塗山玉帛指禹娶塗山氏女生啟的故事，也有很濃的神話成分。商室共球，本諸《商頌・長發》，講商始祖契承受小國大國，政無不通，傳到成湯，「受小球（球）大球（球），為下國綴旒（表章也）」，「受小共（拱）大共（拱），為下國駿（大也）厖（蒙）」。《廣雅》說：「拱、球，法也」，言湯為天下諸侯之表率，亦廣予庇護天下之人民，所以「商室共球」意指成湯能招來遠人歸順。總之，乾隆不外乎在表示他的道德與功業，遠遠超過夏禹和商湯。

西鰈東鶼覲王會，南蠻北狄秉元辰。

蠻夷戎狄來朝，就如成周的王會圖。

乾隆之詩置於「職貢圖」卷首，又使親近大臣和詩，寫入隔水（畫頁銜接處），和者十四人，基本上多是讚歌，頌揚皇帝聖明。他們的構思雷同俗套，文字相差無幾，不外是「遠來近悅」（梁詩正）；「通重譯」、「備九賓」（劉綸恭）；或「永藏冊府超前古」

（董邦達）；或「八表車書同暨訖，萬方玉帛共尊親」（裘曰修）。而于敏中恭維乾隆「唐虞以上初無紀，秦漢而還未克臻；地或不毛咸我土，類雖非種亦吾人。」[103]，乾隆帝的豐功偉業囊括不毛的沙漠、高原地帶以及非吾種屬的異族，遠遠超邁遠古之聖王和秦皇、漢武之上。臣工把乾隆捧上天，五千年來的帝王無人能及！

歷代職貢圖還有一種比較不同的題材，繪畫貢獒，臺北故宮收藏數種，如宋朝艾宣的「西旅貢獒」、傳錢選的「西旅貢獒圖」、以及傳趙孟頫和元人同題之畫作「貢獒圖」，[104]雖同是遠方異物，但取意規諫，而非歌頌。這個題材出自偽《古文尚書》〈旅獒〉篇，傳說周初三大元老之一的太保召公所作。周人克商之後，「通道于九夷八蠻」，西旅之長貢其地特產的獒犬，召公乃作〈旅獒〉以訓誡成王「不寶遠物則遠人格（來也）」，強調「德」重於「物」，天子應關注遠人來服更重於貢獻的禮物。本篇「玩物喪志」一語，成為後世訓誡格言，直斥職貢所繫的奇珍貢品是「玩物」。我們雖然不敢相信果有獻獒

103　全部詩作也可參上引傅恒等編著，《皇清職貢圖》，頁2-22。
104　上引劉芳如、鄭淑方編，《四方來朝》，圖版Nos. 7, 9, 10, 12。

之事，但在清初閻若璩（一六三六～一七〇四）《尚書古文疏證》問世（一七四五）之前，漫長的傳統時期，偽《古文尚書》被當作經典看待，遂多有貢獒圖之作，大概近似勸阻周穆王征犬戎的祭公謀父，代表「耀德不觀兵」的觀點，算是「職貢圖」的異類。

【尾聲】

列國秩序下的四裔意識

「歷史」是一種資產，但也會成為負債，端看你怎麼用，時機是否妥洽，採擇是否得當。歷史愈長久，記載愈豐富，資產愈大，相對地負債也愈重，中國就是這樣一個歷史不曾截斷，史書汗牛充棟的國家。中國人動輒以這兩點傲視世界，固然增加光彩，但也容易陷入泥淖而不能自拔。本書所論的「天下」結構就是顯見的現象，沒有五千年，至少也有三千年，中國人的天下觀都綿延不絕。

閒話不表，且回到我們時間序列和歷史情境。即使晚到十九世紀上半葉，中國人已有許多機會增廣異域見聞了，但腦子裡還是三千年前的五服制、王會圖，對來到眼前的異邦外族始終缺乏深入、客觀的了解，也沒有好奇求真的興趣。因為他們習慣以帝王作中心，只有高高在上的「天下觀」，沒有平起平坐的「世界觀」。換言之，「四裔觀」限制了「列國觀」，這種心態在官修正史表露無遺。

從中國正史記載的纂修體例，凡涉及外國的記載或論述可以看到這種心態，只依時代情境會略作調整而已。西漢司馬遷的《史記》從其本名，如匈奴、南越、東越、朝鮮、大宛等國的列傳，類似於近代的國別史；但西南的部落酋邦則稱「西南夷」，與上述列傳不同等。東漢班固《漢書》體例如《史記》，晉朝陳壽的《三國志》，烏桓、鮮卑亦從其名，但朝鮮半島及鄰近的國家則統括於「東夷」。南朝范曄的《後漢書》，東夷、南蠻、西南夷外，西方的羌和西域、北方的南匈奴、烏桓和鮮卑猶存其名，這是二十五史前四史的史識，司馬遷總是高人一等。

南朝四史，梁朝編修的《宋書》，西方曰「索虜」，南、東曰「蠻夷」，另外鮮卑、吐谷渾、氐胡比較沒有明顯的貶抑意味；同時的《南齊書》稱拓跋魏為「魏虜」，其他四方外族曰蠻夷。隋唐之際的《梁書》則稱夷、戎，《陳書》無四裔傳。唐初李延壽纂修的《北史》與《南史》，前者對四方外國都從其名，後者除「西域」和「南海諸國」外，都採用「東夷」、「西戎」、「北狄」之稱。南、北史有如此的差異，可能因為《北史》皇帝非漢族，他們才是歷史的主角，不能自我貶抑，而《南史》所記則仍是中國人觀點的天下，不能放棄夷夏之辨。

唐修《隋書》，西域之外的外國分別列入東夷、南蠻、北狄；同時編纂的《晉書》有〈四夷列傳〉，但對於進入中國建立政權的外族則別創「載記」的體例，至少沒有否定他們統治中國的史實。五代《舊唐書》、北宋《新唐書》，大國如突厥、吐蕃、回紇（鶻）、沙陀沿用本名，西域諸國仍稱西域，而非「西戎」，其他便分屬東夷、北狄和南蠻。北宋薛居正的《舊五代史》列有「外國」，皆用其本名，中國正史之有「外國列傳」自此始；可能因為開國之君後唐李克用、後晉石敬瑭與後漢劉知遠都是沙陀（沙陀）人，既然他們做了中國皇帝，便不好再視他們為戎狄。但歐陽修的《新五代史》則立「四夷附錄」，不入列傳，亦反映這位大文豪的心態與史識，過不了「夷夏」的關卡。

總之，先秦時期帶有野蠻意味的「四裔」之稱，漢代兩位大史家尚未沾染鄙薄異族或外國的惡習，能夠平視敵人，比較客觀記述。唐宋官修史書之民族意識與價值評斷便表現得非常顯著，但元修的宋、遼、金三史，繼《舊五代史》之後，也出現「外國」的概念。此一變化，當是蒙古人是主子之故，至於西南部落仍稱「蠻夷」，也沒把他們當「人」看。明修《元史》又都改回「外夷」，清修《明史》再恢復「外國」，凡此反反覆覆，都和皇帝的族屬息息相關。漢人一旦當家，要求他們平等對待異民族，甚難！

十九世紀四〇年代，乾隆之孫道光時發生鴉片戰爭，中國的實力當不起天下中心了，中國皇帝不得不從〈王會〉的高臺頂上走下來，這是一個列強陵夷中國的痛苦過程。尤其在二十世紀民族主義鼓吹之下，塑造億萬中國人無限的悲憤和怨恨。因此有人說，近代中國主要思潮是民族主義，歷史著作也是民族主義作主旋律。民族主義不但使中國人唯我為重，也使中國唯我獨尊。而天下觀則是中國獨尊，或更精確地說是唯皇帝獨尊的天下秩序，於是近代的民族主義便和傳統的天下觀無縫接軌了。

我且舉鴉片戰爭的一個小插曲，讀者或可想像要讓中國人改變幾千年的天下觀有多難。戰爭一八四〇年（道光二十年）七月在舟山群島爆發，主戰場是浙江、福建和廣東沿海，清兵連戰皆敗，但非戰地的臺灣卻兩次傳出「捷報」。所謂的臺灣戰役，分別發生於一八四一年（道光二十一年）十月和翌年正月，一在雞籠（基隆）海面，一在大安港（今臺中市大安區）外；據說斬首數十，俘獲百餘，這些俘虜囚送臺灣府（今臺南）。當時領兵的臺灣鎮總兵達洪阿和臺灣道姚瑩生怕俘虜送往省城福州或京師審判，在洋面上會被英艦攔截，除為首數人外，一律就地正法。此一決定事先獲得道光皇帝的默許。

一八四二年五月英軍進入長江，隨之切斷大運河漕運，控制皇室和京師人口的肚子，向來主戰的道光皇帝知道仗打不下去了，只好同意議和。一坐上談判桌，英方要求釋放在臺灣海面的俘虜，有歐洲人，也有亞洲人；並且否定戰俘之說，因為那些船隻不是戰艦，一是運兵船，一是商船，海上遇風擱淺才被俘，根本沒有接戰。而且按照國際公法，即使戰俘也不能任意殺戮，英軍即是這樣對待被俘清兵的，何況在臺灣沿海遇難者還是平民！

英軍進逼南京，皇帝急於求和，連祖訓都違背了，放棄中國歷來拒絕自由貿易的堅持，而准許英國人要求的開港通商。想不到卻節外生枝，爆出臺灣殺俘事件，中方明顯理虧，執行者雖是地方官，決策則是道光本人，皇帝如何面對這個困局呢？我們從《籌辦夷務始末》收錄這期間大臣的奏摺以及皇帝的諭旨，可以看到達洪阿與姚瑩在道光心目中如何從他贊不絕口的功臣變成切割放棄的罪人，終於定調他們「鋪張入奏，咎無可辭。」[105]

殺俘事件清廷派遣大員展開調查，在了解所謂「捷報」的過程中，真相尚未明朗時，道光諭告軍機大臣猶說：

天朝統馭外夷，叛則誅之，服則撫之，一定之理；各國遭風難夷，例得邀恩撫卹，示以柔遠之仁。（道光二十二年十一月二十二日）

救援海難的外國人，是中國皇帝施恩，展現懷柔遠人的仁義美德，西洋人也納入中國的天下系統。

及至確定達、姚二人虛報後，道光諭內閣便說：

朕撫馭中外，一視同仁；該鎮（達洪阿）、道（姚瑩）等既有應得之罪，斷不肯因呈訴出自外夷，遂漠然置之不問。中外臣民，當共喻朕一秉大公之至意也。（道光二十三年三月十二日）

道光皇帝說出他先前誇讚達、姚，而今予以譴責的心裡話，也是一種自我解釋。他認為中國官員對外國人處置不當，皇帝絕不偏袒，一視同仁，予以懲處。因為不論中國官或外國官，中國民或外國民，在皇帝眼中都是他的臣民，這是中國皇帝「一秉大公」的「至意」，中外臣民都要好好體會。

事實上，臺灣殺俘事件如果提到國際法庭，英國和中國是兩造，而將俘虜處決的過程，地方官係秉承中央旨意，非他們所敢專斷。但事件卻演變成臺灣總兵達洪阿、臺灣道姚瑩與英國全權代表璞鼎查（Henry Pottinger）分別作為雙方當事人，道光皇帝則是

105 以下資料取自臺灣文獻叢刊第203種《籌辦夷務始末選輯》，臺灣大通書局印行（無年代）。

在他們之上的仲裁者，中國官固然淪為代罪羔羊，英國人卻也順便一起被當作道光的臣民。這時戰敗的中國被迫簽訂南京條約已經半年了，但中國皇帝的面子仍然要顧，威嚴仍然不能稍損，可見要納中國於平等的世界之中有多難。

自從鴉片戰爭以後，中國落入所謂「百年國恥」時期，打不過列國，明知道只有「師夷長技以制夷」，才有揚眉吐氣的一天。先求「船堅炮利」，不足，然後變法改革制度，又不足，於是檢討文化，澈底反省。這是主流意識，同時也存在保守逆流，肯定中國歷史文化自有特色。由於外敵先後侵凌，「文化民族主義」遂沛然莫之能禦。其實改革是為了振興，終極目的是與外國人爭勝，也是一種民族主義。

二十世紀這一百年，中國先則戰亂，後陷貧弱，滿懷悲憤的中國人瀰漫著民族主義情感，相信有朝一日中國一定強。過去四十年，從以前的閉關自守，頃刻轉而改革開放，持續維持經濟高成長。進入二十一世紀，中國富強了，同樣以中國為中心，近代的民族主義很快接上古來的天下觀，中國人可以揚眉吐氣了，要成為世界的共主。他們甚至宣示「東升西降」，現代中國要遠邁漢唐，於是有稱霸全球的「一帶一路」布局和「人類命運共同體」的號召。考察當今中國面對世界的態度，有沒有嗅聞到「五服」、「王會」和「職貢」的氣息呢？這些思想根源都可以追溯到三千年前。

歷史一路發展下來，我們深刻地體會到：古典是基因，傳統只是現象，當下即在其中。幾千年前的人事話語，直到今天，依然還可以看到一些影子，都構成「中國」之所以成為中國的元素。

後記

「中國是怎麼形成的？」本書序章說，這個課題的提出始於上世紀末我在日本秦漢史研究會大會的演講，當時只在演講最後的餘論部分，以問題的方式提出：什麼是中國，什麼是中國人，什麼是中國文化？沒有答案，也不可能再申論。演講的確切時間是一九九九年十一月二十日，地點在東京都中央大學駿河台紀念館。及至二〇二二年我才就這問題寫成完整文稿，發表於中央研究院史語所的《古今論衡》第三十九期（二〇二二年十二月）。

論文發表後，有學生看到，對我說，早在九〇年代初我就曾派過作業，要他們根據譚其驤主編的《中國歷史地圖集》，將各朝代全國疆域圖疊在一起，以解答「什麼是中國？」可見我思考這個問題已經超過三十年。但正式學術論述卻晚了將近三十年，首先是在政治大學「羅家倫國際漢學講座」（第一講，二〇二〇年十月二十九日）講論「大歷史的中國速寫：中國歷史的骨架」。演講兩年後，才以上述論文形式出版。

本書就經過如此的發想、思考、講說，然後寫成論著這幾個階段。一篇學術論文在學院裡的冷僻刊物《古今論衡》發表，想不到一經刊出，經過媒體記者介紹，竟然引起不少人的興趣和關注。又在電子訊息快速的時代，刊物文章上網，所以網路隨之流傳，並且有不少評論。但《古今論衡》的發行量極其有限，紙本難得，對一般讀者而言，原作亦稍嫌艱深，出版界的讀書共和國遂建議「稍加改寫」，單行出版。這是本書問世的來歷。

我想既然要作成一本書，出版人的客氣話亦不能太當真，乃作了比較大幅度的擴充。數月之後改寫完成，篇幅已超過原論文一倍以上，並且增加四十多張插圖，以方便讀者閱讀時的理解。

書中涉及的一些考據或解釋，論點可能與時賢存在著不同的學術認識，除非必要，我多不直接點評，但內行人一看當知道我的意指。學術見解本來不該定於一，唯有多元並存，容受歧異，才能進步，我們一貫的態度是只要言有所據，論之成理，都予以尊重。我們相信是非對錯，經過時間的淘洗，猶能留存而為多數人所認可的，應該比較近真。

單以書名而言，在當前的政治情境中必然具有一些爭議性。譬如中國的範圍到哪裡？怎麼會形成今天我們看到的中國？這些問題，在政治上往往以立場為先，尤其像中國這種政治掛帥的國度，又逢民族主義狂飆的現代，固然一言可決矣，擺出來的學術論述往往只是立場的粉飾而已。但歷史女神終究是會做出裁判的，任何個人、政黨、政權以至國家，在歷史長河中，不論幾年、幾十年，甚至百千年，都只是一個波段，只有可靠證據與合乎理則的推論所形成的知識，才可能永恆。不同政治立場的人想要討論這個課題，本此原則，才稱得上文明。

本書這個課題既然為多人所關心，又會牽涉到政治立場或態度，然而試問，誰人敢說自己沒有立場？當敢於承認自己有立場時，立場必需建立在理則和證據之上才穩固，所謂「有理有據」是要這樣理解的。所以我們希望大家拋開傳統「誅心」的惡習，不必問作者的居心，只看作者說了些什麼，根據什麼來說，以及如何說法。拙作期待的指教是秉持學術態度，追究事實；相信事實明白後，是非對錯才不至流於各執一詞，各是所是，然後再建立正確的歷史認識。認識決定態度，態度促成作為。我想如果歷史能給我們帶來啟示，是要經過這樣的過程的，這也才是歷史學的功能和價值之所在。

我的學術著作中，這是一本篇幅較少的書，但促成小書問世的參與者卻有不少人，恕我無法一一羅列。這裡只舉附加地圖的協助，承蒙中央研究院地理資訊中心白璧玲博士繪製，以及史語所考古學門助理杜慧娟女士加工，在本書的圖片目錄相關條目中皆經註明。再者，我沒有「文不加點」的長才，平昔下筆論述，寫寫塗塗，稿本改易，再三再四，我不可能像有些人有手稿可供展覽。講這些個人寫作閒話，只要說明一點，過去發表的不少文字和此書，多蒙史語所人類學門助理陳淑梅小姐輸入定稿，真可謂惠我良多。凡此，謹向以上三位女士特表謝意。當然，如果沒有讀書共和國出版集團創辦人暨社長郭重興先生和一卷文化社長馮季眉女士聯袂來訪，敦促出書，我大概不會放下手邊工作來完成這本小書，所以此書之問世也要感謝他們兩位。

我自一九八〇年任職於史語所，迄今在所超過四十年，史語所不只是一個職業場所，也是一個培育人才的學園。個人的學術如果有些長進，有點可以稱道之處，多是史語所給予的滋養。甚至在我退休後，回歸學院，十多年來猶蒙史語所提供研究設備，使我的閱讀寫作得以順利進行，亦藉此機會一併感謝。

二〇二三年中秋　**杜正勝**　誌于史語所

圖表索引

頁042　圖7　中國（本部）在東西半球的位置
The Agile Rabbit Book of Historical and Curious Maps, p. 26.

頁043　圖8　中國地質三階圖
星球研究所，〈中國從哪裡來?〉，引自 https://baijiahao.baidu.com/s?id=1610729274586645299&wfr=spider&for=pc（2022.10.04 檢索）。

頁046　圖9　三河天下之中 作者估定（白璧玲繪製）

頁062　圖10　華夏集團與蠻夷戎狄分布圖，作者據譚其驤春秋時期全圖考訂（白璧玲繪製）

頁063　圖11　人物御龍帛畫，戰國中期，長沙子彈庫楚墓
舒之梅、張緒球，《楚文化》，香港：商務印書館，1997，圖版397。

頁063　圖12　龍鳳虎紋繡羅單衣（局部），戰國中期／江陵馬山一號墓 舒之梅、張緒球，《楚文化》，香港：商務印書館，1997，圖版392。

頁084　圖13　秦疆域地圖，據譚其驤地圖改繪（白璧玲製圖）

頁088　圖14　清領臺灣地圖，作者據《乾隆內府輿圖》臺灣部分拼接。

頁101　圖15　戰國秦漢長城地圖，據《中國考古學秦漢卷》（2010）「秦漢長城遺跡分

中國是怎麼形成的：大歷史的速寫

作　　者｜杜正勝

一卷文化
總 編 輯｜馮季眉
責任編輯｜高仲良
編　　輯｜黃于珊
封面設計｜莊謹銘
內頁設計｜菩薩蠻電腦科技有限公司
出　　版｜一卷文化／遠足文化事業股份有限公司
發　　行｜遠足文化事業股份有限公司（讀書共和國出版集團）
地　　址｜231新北市新店區民權路108-2號9樓
郵撥帳號｜19504465 遠足文化事業股份有限公司
電　　話｜(02)2218-1417
客服信箱｜service@bookrep.com.tw

法律顧問｜華洋法律事務所 蘇文生律師
印　　製｜中原造像股份有限公司

2023年12月 初版一刷
2024年 6 月 初版四刷
定 價｜480元　　書號｜2THS0001
ISBN｜9786269786305（平裝）
ISBN｜9786269786329（EPUB）　9786269786312（PDF）

國家圖書館出版品預行編目 (CIP) 資料

中國是怎麼形成的 : 大歷史的速寫 / 杜正勝著. -- 初版. -- 新北市 : 遠足文化事業股份有限公司一卷文化 , 遠足文化事業股份有限公司 , 2023.12
304 面 ; 17x23 公分
ISBN 978-626-97863-0-5(平裝)

1.CST: 中國史

610 112016052